W0252519

DAS CAMPING GRILLBUCH

Mr.Nicefood führt:

DAS CAMPING

GRILLBUCH

EMF

EIN BUCH DER
EDITION MICHAEL FISCHER

Die 70 besten
Rezepte von
MR.NICEFOOD

Inhalt

Vorwort 6

GRUNDLAGEN 8

Grundausstattung für euren Camper 10
Sinnvolles Grill-Equipment 13
Camping-Grills 14

REZEPTE 16

HER MIT DEN TELLERN! 19

Rindersteak mit Salsa 20
Dreierlei eingelegte Nackensteaks 22
Ribeye-Steak mit Chimichurri 24
Deftige BBQ-Frikadellen 26
Grilled Beer Brats 28
Bacon Bomb 30
Teriyaki-Hähnchen 32
Hähnchenschenkel auf Kartoffelbett 34
Gambas al Ajillo 36
Ganze Forelle 38
Blumenkohl-Steaks 40
Gefüllte Champignons mit Frischkäse 42
Gefüllte Paprika mit Feta 44

AUFGESPIESST 47

Dreierlei Schweine-Schaschlik 48
Adana-Kebab 52
Rinderfilet-Spieße 54
Hähnchen-Schaschlik russischer Art 56
Lachs-Spieße 58
Gemüse-Spieße 60

AUF DIE HAND 63

Hähnchen-Tacos 64
Cheese-Burger 66
Fisch-Burger 68
Chicken-Burger 70
Rindersteak-Sandwich 72
Überbackenes Wurst-Baguette 74
Quesadillas mit Bratwurst 76
Gegrillte Hackstullen 78
Pizza aus dem Omnia® 80
Mediterranes Brot 82
Knoblauch-Käse-Brot 84

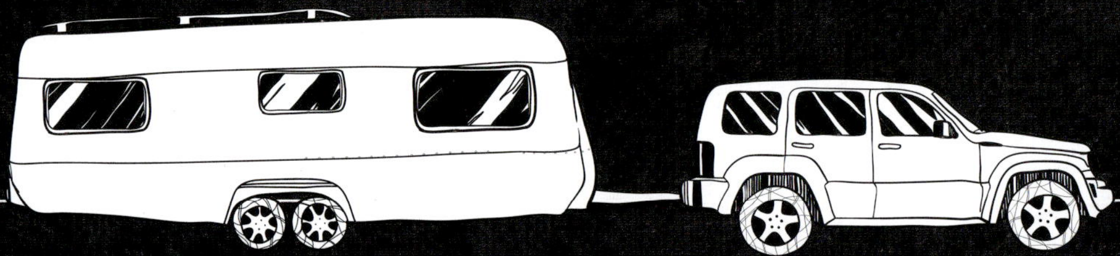

WENN DIE NACHBARN VORBEIKOMMEN 87

Nachos aus dem Omnia® 88
Chili con Carne 90
Gulasch aus dem Dutch Oven 92
Zwiebelfleisch nach Kirmes-Art 94
Schichtfleisch aus dem Dutch Oven 96
Bratwurst-Gulasch 98
Nürnberger Bacon Pie 100
Gemüse-Auflauf 102
Mediterrane Paella 104

FÜR SUPPEN- & SALATSCHÜSSEL 107

Currywurst-Suppe 108
Soups Frikadelki 110
Morlas Bohnensuppe 112
Frische Fischsuppe 114
Schneller Erbsensalat 116
Russischer Kartoffelsalat 118
Yummy Nudelsalat 120
Tomatentraum 122
Sommersalat 124
Mangosalat mit Büffelmozzarella 126
Glasnudel-Salat (Funchosa) 128
5-Minuten-Kimchi 130

PERFEKTE BEGLEITER 137

Der einfachste Knoblauch-Dip der Welt 138
Sour Cream 140
Dreierlei Kräuterbutter 142
Kräuterquark 144
Cremige Guacamole 146
Feurige Salsa 148
Drachen-Dip 150

DAZU & DANACH 153

Minz-Limo 154
Zitronen-Eistee 156
Beeren-Mojito 158
Gegrillte Ananas 160
Sahnefrüchtchen 162
Süße Grillpakete 164
Weißer Schokotraum 166
Weintrauben-Dessert 168

Register 170
Über die Autoren 174
Danksagung 175
Über den Fotografen 175

WARUM EIN
Camping-Grillbuch?

Das können wir recht einfach beantworten – wir haben ja nicht umsonst einen Wohnwagen, der mit unserem Logo beklebt ist.

Egal, wo wir gerade mit unserem Wohni sind: Täglich bekommen wir die gleichen Fragen gestellt. „Sag mal, ich habe heute ein paar Leute zu Besuch, haste da 'n Rezept oder 'ne Idee? Ich habe noch Würste über, kann man da was mit machen?" Fragen über Fragen! 😉

Wir selbst haben uns schon einige Camping-Kochbücher gekauft, die auch alle gut waren. Oftmals wurden darin allerdings exotische Zutaten verwendet, die wir unterwegs beim Campen gar nicht kaufen konnten. Für uns war wichtig, dass alle Zutaten in unserem Kochbuch in jedem Supermarkt zu finden sind. Egal ob in Deutschland, den Niederlanden oder Kroatien. So kommen auch mal fertige BBQ-Saucen zum Einsatz, denn genau diese hat man im Urlaub dabei, oder man kauft sie gerade. Wir kennen niemanden, der auf dem Campingplatz 2 Stunden lang seine BBQ-Sauce einkocht. Dazu war uns wichtig, dass ihr in diesem Buch Rezepte findet, die richtig schön low & slow im Dutch Oven für 4 Stunden vor sich hin garen, oder aber nach 20 Minuten Arbeit auf dem Tisch sind. Auch für das Thema Resteverwertung finden sich Rezepte. Eine gegrillte Bratwurst zum Beispiel muss nicht einfach kalt gegessen werden, sie kann noch perfekt in einer Suppe oder Quesadilla eine Hauptrolle einnehmen.

Dieses Buch soll allen Campern und Outdoor-Fans eine Inspiration sein. Wir freuen uns, wenn die vielen tausend Camper ihre Freude an diesem Werk, „von Campern für Camper" finden.

Jedes Rezept lässt euch Freiraum für euren eigenen Geschmack. Ihr mögt eine Zutat nicht? Weg damit – oder austauschen! Wir freuen uns über Meinungen, Bilder und Posts in Social Media.

Heiko & Kristina

Grundlagen

CADAC

GRUNDAUSSTATTUNG

für euren Camper

Ihr fangt gerade mit dem Campen an? Ihr habt keine Ahnung, was ihr unbedingt besorgen müsst, was die wichtigste Wohnwagen-Grundausstattung ist, bevor es auf die erste Tour geht? Das gleiche Problem hatten wir auch. Jetzt, nach vielen Touren, haben wir alles zusammen. Damit ihr direkt gewappnet seid, haben wir eine Liste für euch erstellt. Wir gliedern diesen Beitrag für das Equipment mal ganz easy – in die einzelnen Abteile des Wohnwagens: Bad, Schlafbereich, Küche, „Terrasse“, Grundausstattung für den Camper, Werkzeug. Die Angaben beziehen sich auf ein langes Wochenende.

BAD:

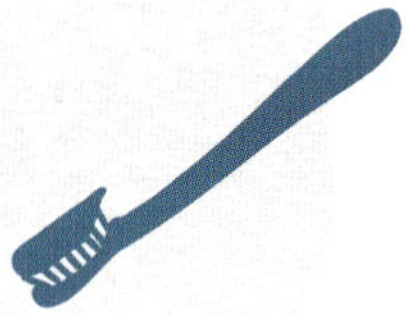

- 2–4 große Handtücher
- 3–4 kleine Handtücher
- Waschlappen
- Zahnbürsten und Zahnpasta
- Duschgel, Shampoo
- Waschmittel (im Ausland teilweise sehr teuer)
- Wäschekorb
- Toilettenpapier (extra für Camper)
- Desinfektionsspray / Desinfektionstücher
- Sonnencreme
- Anti-Mückenspray
- Medikamente / Reiseapotheke
- Fön, Bürsten
- Kulturbeutel (zum Aufhängen, auf einigen Campingplätzen muss man diese sonst auf den Boden stellen)
- Tampons, Binden, Windeln etc. (wenn nötig)

WERKZEUG:

- Kleiner Werkzeugkasten
- Gummihammer
- Akkubohrer mit Stützenaufsatz
- Kleine Wasserwaage
- Zange
- Seitenschneider
- Draht
- Kabelbinder
- Klebeband
- Mehrfachsteckdose

KÜCHE:

- Jeweils 4 tiefe, flache und kleine Teller
- Müslischalen
- Tassen, Kaffeebecher
- Jeweils 4 Wasser- und Weingläser
- Schnapsgläser
- Messer, Gabel, Löffel, Teelöffel
- Scharfes Küchenmesser
- Brotmesser
- 2 Schneidebretter (1x groß, 1x klein)
- Schere
- Feuerzeug, plus Gas
- Schüsseln für Salat, Obst etc.
- Verschließbare Aufbewahrungsboxen
- Verschließbare Gefrierbeutel
- Frischhalteclips (alternativ Gummibänder)
- Müllbeutel
- Küchenrolle
- Lappen
- Schwamm
- Bürste
- Spülmittel
- 4 Geschirrhandtücher
- Wasserkocher / Kaffeemaschine
- Sieb
- Pfanne, 4 Töpfe (verschiedene Größen)
- Topfuntersetzer
- Sparschäler
- Knoblauchpresse
- Schneebesen
- Pfannenwender
- Suppenkelle
- Dosenöffner
- Zahnstocher
- Salz, Pfeffer, Lieblingsgewürze
- Topflappen
- Zucker / Süßstoff
- Öl

Tipp

Die Camperwürze ist ein Rub, den wir extra für euch und dieses Buch mit der Firma Ankerkraut® konzipiert haben. Ihr könnt ihn aber natürlich auch durch einen anderen Rub eurer Wahl ersetzen.

TERRASSE / VORZELT:

- 4 Stühle
- 2 Liegen
- 1 Tisch (mindestens 80 cm lang)
- Grillkohle
- Kompakter Gasgrill
- Grillzange
- Reinigungsbürste für den Grill
- Tisch oder Erhöhung für den Grill
- Schuhschrank
- Fahrradgarage (wenn ihr Fahrräder dabei habt)
- Evtl. Sonnensegel
- Wäschespinne
- Lichterkette oder Kerzen (evtl. eine gegen Mücken)
- Tischdeko
- Dutch Oven (wenn man Interesse daran hat)
- Kühlbox für Getränke oder Obst
- Heizung für das Vorzelt

SCHLAFBEREICH:

- Kissen, Decken und Bettlaken
- Tagesdecke (praktisch, da schmutzabweisend)
- Bücher
- Pyjama

WOHNWAGEN:

- Heringe
- Sturmband
- Gasflasche(n)
- Keile
- Auffahrrampen
- Stromkabel CEE (15 Meter), plus 230V Adapter
- Verlängerungskabel
- Gießkanne (15 l)
- Antennenkabel + Antenne (falls kein Festeinbau)
- Trittstufe
- Fußabtreter
- Diebstahlschutz für den Wohnwagen
- Deichselhaube
- Faltbarer Wasserkanister
- Chemie für das WC
- Trinkwasserentkeimung
- Spülschüssel
- Besen, Handfeger, Kehrblech
- Handstaubsauger
- Faltbares Abtropfgestell
- Platten für die Stützen (wenn kein Stützfuß vorhanden)
- Abwassereimer für Nutzwasser
- Regenschirm
- Kleiner Backofen

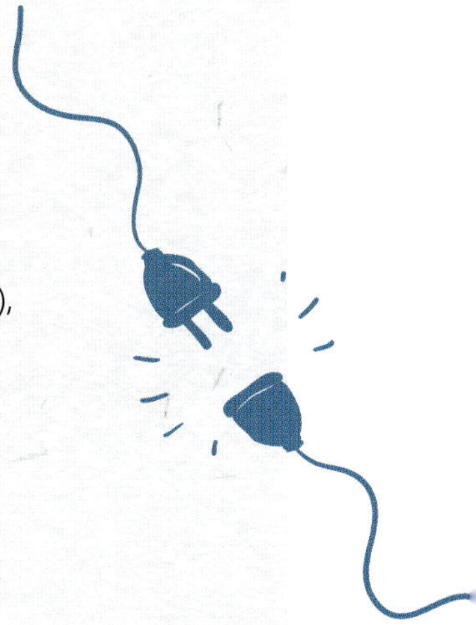

SINNVOLLES
Grill-Equipment

Auf dem Campingplatz kommt man des Öfteren ins Gespräch, weil man schlicht etwas vergessen hat und seinen Nachbarn um Hilfe bittet.

Damit ihr nicht jeden Tag nebenan klopfen müsst, findet ihr hier eine kleine Zusammenstellung von nützlichen Gadgets.

> *»Wir sehen, da kommt schon einiges zusammen. Wir haben in unserem Camper 2 Plastikboxen mit Deckel, in denen wir all die Utensilien verstaut haben. Diese kann man perfekt stapeln, so nehmen Sie nur wenig Platz weg.«*

- Grillzange
- Grillhandschuhe
- Grillbürste
- Reinigungsmittel für den Grillrost
- Grillpfanne aus Guss
- Anzündkamin
- Grillthermometer
- Grillpinsel zum Glasieren und Marinieren
- Handtücher
- Grillspieße
- Salz, Pfeffer, Rub
- Scharfe Messer
- Brettchen
- Holzkohle
- Kohlebriketts
- Grillanzünder
- Dutch Oven
- Grillwender (wenn die Grillzange an ihre Grenzen kommt)
- Burger-Patty-Presse
- Grillsaucen

CAMPING-
Grills

Auf dem Campingplatz kann man die unterschiedlichsten Grills sehen. In den letzten Jahren hat sich das Bild aber etwas verändert. Der kleine Kohlegrill aus dem Baumarkt für 10 € ist nahezu verschwunden, Hightech-Grills von hoher Qualität haben mittlerweile Einzug erhalten und gelten als neuer Standard.

Wenn jemand eine Neuerscheinung dabeihat, dann bleiben Zuschauer nicht lange aus. Als wir seinerzeit unseren mobilen Pizzaofen dabeihatten, gab es ein richtiges „Hallo" auf dem Platz. Etliche Leute haben sich den Grill angesehen und natürlich auch gerne ein Stück Pizza gekostet.

Man kommt eben schnell ins Gespräch, wenn man draußen am Grillen ist. Damit du den perfekten Grill für dich findest, haben wir hier einmal eine kleine Auswahl zusammengestellt.

Was macht einen guten Campinggrill aus? Er muss vor allem kompakt verstaubar und leicht sein. Wenn er dann noch Allrounder-Qualitäten hat, eine gute Hitze bietet und leicht zu reinigen ist, passt er perfekt in einen Camper.

DER PLATZHIRSCH:

Ein runder Gasgrill aus den Niederlanden stellt in unseren Augen seit vielen Jahren den Platzhirsch unter den Campinggrills dar. Man sieht ihn auf fast jedem Platz. Der Grund ist denkbar einfach: Er ist ein absoluter Allrounder. Er hat eine gute Hitze, lässt sich sehr gut reinigen und kompakt verstauen. Die kleineren Niederländer beginnen bei Preisen um 100 €. Der Chef, welcher sich größentechnisch perfekt zum Campen eignet, liegt bei um die 300 €. Es gibt diverses Zubehör wie eine Paella-Pfanne, Pizzasteine und vieles mehr.

DER PIZZA-KÖNIG:

Mit einer Familie auf dem Campingplatz perfekte Pizza zaubern, kann man mit portablen Pizzaöfen. Innerhalb von 15 Minuten erreichen diese ca. 500 °C. Es gibt schönes Zubehör, wie z. B. eine Grillpfanne. Damit kann man perfekte Steaks oder Grillgemüse zubereiten. Mit nur ca. 10 kg eignet er sich perfekt für alle, die ein Stück Italien mitnehmen wollen, egal wo sie sind. Für ca. 350 € gibt es die Gasvariante.

DER BACKOFEN FÜR DIE HERDPLATTE:

Nicht jeder hat einen Backofen im Wohnwagen oder einen Grill mit Deckel. Ofengerichte, Sandwiches, Brötchen, Kuchen und viele weitere Möglichkeiten ergeben sich mit dem Omnia®. Er hat keine eigene Hitzequelle, muss also auf einem Grill oder einer Kochplatte o. Ä. betrieben werden. Man sieht ihn immer wieder auf dem Campingplatz, vor allem bei Zelt-Campern ist er extrem beliebt. Er wiegt nur ein paar hundert Gramm und ist perfekt verstaubar. Für viele Camper ist er daher Pflicht. Ihr bekommt ihn für unter 50 €. Wir empfehlen direkt den zusätzlichen Silikoneinsatz zu erwerben, das spart viel Arbeit beim Abwaschen.

DIE HANDTASCHE :

Wer gerne auf Kohle grillen möchte, aber keinen 10-Euro-Grill benutzen möchte, der sollte sich einmal bei sogenannten Handtaschengrills umschauen. Der Grill kann genau das, was er verspricht: überall genutzt werden. Der kompakte Holzkohlegrill ist mit Deckel, ca. 6 kg Gewicht und einer Grillfläche von 42 × 26 cm ein perfekter Begleiter. Bei Weber gibt es alles an Zubehör, was man sich vorstellen kann. Man darf im Sommer nicht auf allen Plätzen mit Holzkohle grillen, die Handtaschengrills gibt es allerdings auch mit Gas. Als Holzkohlevariante ist er schon unter 100 € zu bekommen, für die Gasvariante werden ca. 170 € fällig.

DIE MINIS:

Auch für Camper, die wenig Platz haben, hat der Markt etwas zu bieten.

So führen Hersteller schon Grills im Sortiment, die auf die Größe eines Laptops zerlegt werden können. Dieser ist für unter 100 € zu haben. Wer lieber mit Gas befeuern möchte, kann dies mit dem direkten Wettbewerber anstellen. Es handelt sich hierbei um einen steckbaren Gasgrill, welcher mit 3,3 kg Gewicht und einer Grillfläche für 6–8 Personen sehr gut fürs Campen geeignet ist. Für ca. 160 € kann man diesen kleinen Grill kaufen.

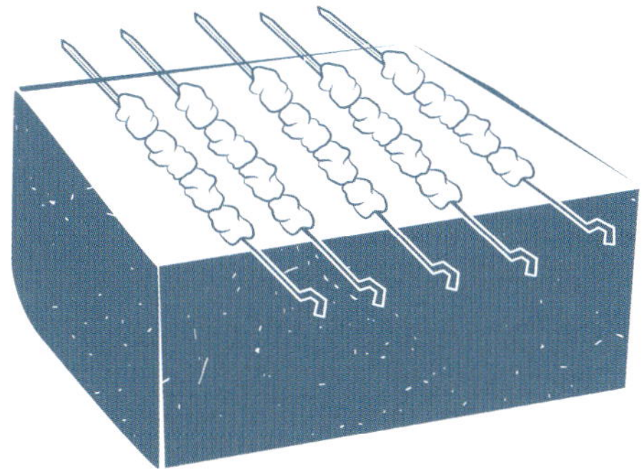

DER SCHASCHLIKGRILL FÜR DEN CAMPINGPLATZ:

Natürlich darf bei dem ein oder anderen ein Schaschlikgrill nicht fehlen. Da haben wir auch etwas Schönes gefunden und ausgiebig getestet. Der kompkakte Schaschlikgrill ist leicht und kann nicht nur für Schaschlik-Spieße, sondern dank mitgeliefertem Rost auch für Bratwurst oder Steaks genutzt werden. Solche meist handgefertigten Grills kosten um die 200 €. Für etwas Handgemachtes in unseren Augen ein sehr fairer Deal.

» Wie ihr seht, gibt es für jedes Bedürfnis einen passenden Campinggrill. Mittlerweile gibt es sogar mobile Pellet-Smoker. Die Hersteller haben erkannt, welches Marktpotenzial Camping-Zubehör hat, weitere Entwicklungen werden sicherlich folgen. Mit unserer kleinen Übersicht getesteter Grills liegt ihr aber auf jeden Fall richtig. «

Rezepte

Her mit den Tellern!

Rindersteak MIT SALSA

»Oft wird auf dem Campingplatz ein leckerer Salat zubereitet. Meist wird er von einer Bratwurst oder einem Nackensteak begleitet. Wie wäre es zur Abwechslung mal mit einem Rindersteak mit einer leckeren, feurigen Salsa?«

ZUTATEN

FÜR DIE STEAKS

2 Rumpsteaks (à 300 g)

2 TL Sonnenblumenöl

1 TL Salzflocken (alternativ grobes Meersalz)

grob gemahlener Pfeffer

FÜR DIE SALSA

1 rote Paprika

1 Zwiebel

1 Knoblauchzehe

1 rote Chilischote

2 EL Sonnenblumenöl

je ½ TL getrockneter Oregano und Majoran

je ½ TL Zucker und Salz

etwas Pfeffer

1 TL Essig

2 PERSONEN

SO GEHT'S

Steaks aus der Kühlung nehmen, waschen und trocken tupfen. Für mindestens 30 Minuten Raumtemperatur annehmen lassen. Die Steaks mit dem Öl einreiben und das Salz darauf geben, für weitere 10 Minuten ruhen lassen.

In der Zwischenzeit die Salsa fertig machen. Dafür die Paprika halbieren, putzen, waschen und in kleine Würfel schneiden. Die Zwiebel und den Knoblauch schälen und fein hacken. Damit es feurig wird, die Chili entkernen und in kleine Streifen schneiden. Hierfür eignen sich Einmalhandschuhe. Sollten diese nicht zur Hand sein, im Anschluss mit Seife ordentlich die Hände waschen, Chili im Auge macht so gar keinen Spaß. Das Sonnenblumenöl in einen Topf geben und alle vorbereiteten Zutaten sowie die Gewürze hinzugeben. Ca. 10 Minuten darf die Salsa vor sich hin köcheln.

Den Grill auf höchste Temperatur erhitzen und das Steak auf jeder Seite für 4 Minuten scharf grillen. Vom Grill nehmen und diesen auf kleine Flamme herunter regulieren. Im Anschluss die Steaks wieder auflegen und noch weitere 5 Minuten ziehen lassen. Steaks vom Grill nehmen und auf einem Brett 5 Minuten ruhen lassen, damit der Fleischsaft beim Anschneiden nicht aus dem Steak läuft. Die Steaks anschneiden und mit der köstlichen Salsa genießen.

DREIERLEI EINGELEGTE Nackensteaks

»Der absolute Klassiker auf dem Campingplatz sind Nackensteaks. Aber anstatt sie fertig eingelegt zu kaufen, machen wir das ganz einfach selbst.«

ZUTATEN

FÜR 2 KNOBLAUCH-STEAKS
2 Nackensteaks
2 Knoblauchzehen
1 Zwiebel
je 1 TL Salz und Peffer

FÜR 2 CHILI-STEAKS
2 Nackensteaks
1 Chilischote
3 EL Öl
je 1 TL Salz und Pfeffer
je 1 TL edelsüßes und rosenscharfes Paprikapulver

FÜR 2 FRUCHTIGE STEAKS
2 Nackensteaks
1 Kiwi
2 TL Aprikosenkonfitüre
5 TL Schmand
3 TL Mayonnaise
je 1 TL Salz und Pfeffer
3 TL Olivenöl

2 PERSONEN

SO GEHT'S

Für die Knoblauch-Variante die Nackensteaks waschen und mit einem Tuch trocken tupfen. Knoblauch und Zwiebel schälen. Knoblauch zerdrücken, Zwiebel klein hacken. Knoblauch, Zwiebel, Salz und Pfeffer miteinander vermengen, die Steaks damit einreiben und am besten über Nacht, mindestens jedoch 3 Stunden, ziehen lassen.

Für die Chili-Variante die Steaks waschen und mit einem Tuch trocken tupfen. Die Chilischote entkernen und klein hacken. Mit den restlichen Zutaten vermengen, die Steaks damit einreiben am besten über Nacht, mindestens jedoch 3 Stunden, ziehen lassen.

Für die fruchtige Variante die Steaks waschen und mit einem Tuch trocken tupfen. Die Kiwi schälen und klein würfeln. Mit den restlichen Zutaten vermengen, das Steak damit einreiben und am besten über Nacht, mindestens jedoch 3 Stunden, ziehen lassen.

Für alle Varianten gilt: Den Grill vorheizen und die Nackensteaks bei mehrfachem Wenden goldbraun grillen.

Ribeye-Steak MIT CHIMICHURRI

»Das Ribeye-Steak wird auch als König der Steaks bezeichnet, da durch sein Fettauge ein ganz besonderer Geschmack entsteht. Ein gutes Steak braucht eigentlich keine Sauce, aber zu einem Ribeye gehört ein schönes Chimichurri.«

ZUTATEN

FÜR DAS STEAK

2 Ribeye-Steaks (à 300 g)

2 TL Sonnenblumenöl

Salzflocken (alternativ grobes Meersalz)

FÜR DAS CHIMICHURRI

1 Bund glatte Petersilie

½ rote Paprika

je 1 TL getrockneter Oregano, Thymian und Paprikapulver

2 Lorbeerblätter

2 TL grobes Salz

1 Zwiebel

3 Knoblauchzehen

80 ml Rotweinessig

150 ml Olivenöl

2 PERSONEN

SO GEHT'S

Steaks waschen, trocken tupfen und für mindestens 30 Minuten Raumtemperatur annehmen lassen. Mit Öl einreiben und Salzflocken darauf geben, für weitere 10 Minuten ruhen lassen.

In dieser Zeit können wir uns um das Chimichurri kümmern. Die Petersilie waschen und trocken schütteln. Die Paprika halbieren, putzen und waschen. Beides schön klein hacken. Alle Gewürze in den Mörser geben und zerkleinern. (Auch die Lorbeerblätter, diese am besten vorher mit den Händen zerreiben.) Zwiebel und Knoblauch schälen und klein hacken. Alle Zutaten (außer das Olivenöl) und 80 ml Wasser zusammengeben und ca. 2 Stunden quellen lassen, dabei gelegentlich umrühren. Das Olivenöl nach der Quellzeit dazugeben und gut verrühren. In ein Glas mit Schraubverschluss geben (kocht es vorher gut aus) und dann kommt das Schwerste: eine Woche ziehen lassen. Es schmeckt auch frisch, aber wenn es durchgezogen ist, kann man es kaum aushalten, so lecker ist das. Das Chimichurri schmeckt pur etwas säuerlich, ist aber in Verbindung mit Fleisch echt der Knaller.

Den Grill auf höchste Temperatur erhitzen und das Steak auf jeder Seite für 4 Minuten scharf grillen. Nach den 8 Minuten die Steaks vom Grill nehmen und diesen auf kleine Flamme herunter regulieren. Im Anschluss die Steaks wieder auflegen und noch weitere 5 Minuten ziehen lassen. Steaks vom Grill nehmen und auf einem Brett 5 Minuten ruhen lassen, damit beim Anschneiden der Fleischsaft nicht aus dem Steak läuft. Mit dem köstlichen Chimichurri genießen.

DEFTIGE BBQ-Frikadellen

»Wir finden, dass Frikadellen in keinem Camping Urlaub fehlen dürfen. Mit einem leckeren Bacon-Knuspermantel schmecken sie grandios.«

ZUTATEN

2 Möhren
1 Zwiebel
½ Bund Petersilie
50 ml Sonnenblumenöl
4 Eier (Größe M)
je 1 TL Salz, Pfeffer, edelsüßes und rosenscharfes Paprikapulver
1 kg Hackfleisch (halb und halb)
2 TL Senf
24 Scheiben Bacon

8 PERSONEN

SO GEHT'S

Möhren und Zwiebeln schälen und mit einem scharfen Messer in sehr kleine Würfel hacken. Petersilie waschen, trocken schütteln und hacken. Öl in eine Pfanne geben und Zwiebel- und Möhrenwürfel sowie Petersilie für 10 Minuten darin dünsten, zum Abkühlen beiseitestellen. Wenn die Masse abgekühlt ist, diese mit den restlichen Zutaten bis auf den Bacon zum Hack geben und mindestens 5 Minuten verkneten, sodass die Hackfleischmasse leichte Fäden zieht. 12 kleine Frikadellen formen. Jeweils 2 Scheiben Bacon über Kreuz legen und in die Mitte eine Frikadelle legen. Den Speck über Kreuz verschließen, die Frikadellen mit der offenen Seite nach unten auf den Grill legen und bei mittlerer Hitze gut durchbraten. Achtet darauf, nicht zu viel Hitze zu haben, denn sonst verbrennt der Bacon.

Tipp

Als Beilage eignet sich perfekt ein schöner Kartoffelsalat oder aber der Yummy Nudelsalat, den ihr auch in unserem Buch findet (Seite 120).

GRILLED Beer Brats

»Eine Bratwurst muss nicht immer nur einfach auf dem Grill gebraten werden, hier kommt DIE Alternative.«

ZUTATEN

2 TL Öl

4 grobe Bratwürste (alternativ feine)

2 Flaschen Bier (à 330 ml)

je 1 rote und gelbe Paprika

2 Zwiebeln

Salz, Pfeffer

4 PERSONEN

SO GEHT'S

Die Pfanne auf den Grill stellen und erwärmen. Öl in die Pfanne geben und die Bratwürste rundum goldbraun anbraten. Jetzt das Bier dazugeben und den Grill auf mittlere Hitze runterregeln. Für 5 Minuten werden die Würste nun im Bier gekocht.

In der Zwischenzeit die Paprika halbieren, putzen, waschen und in grobe Würfel schneiden. Die Zwiebeln schälen, halbieren und in Halbringe schneiden. Diese zu den Bratwürsten geben und mit Salz und Pfeffer abschmecken.

Wenn möglich, den Deckel des Grills schließen. Sollte das nicht möglich sein, mit Alufolie einen Deckel für die Pfanne bauen und diese damit verschließen. Bei ca. 180 °C kann das Ganze jetzt für ungefähr 1 Stunde vor sich hin köcheln. Fertig sind die Beer Brats, wenn das Bier komplett verkocht ist. Keine Sorge, es ist nicht weg, es ist nur im Essen. 😉

Die Brötchen aufschneiden, 1 Beer Brat und etwas Gemüse obendrauf legen – lecker!

BACON Bomb

»Dieses Rezept ist ein absoluter Klassiker unseres Blogs. Beim Anschneiden läuft der Käse aus der Bacon Bomb. Da ist am Tisch dann richtig Vorfreude angesagt.«

ZUTATEN

2 EL Sonnenblumenöl
25 Scheiben Bacon
1 kg Rinderhackfleisch
1 Zwiebel
¼ Paprika
3 Eier (Größe M)
2 TL Senf
4 TL Paniermehl
2 TL Camperwürze (siehe Seite 11)
12 Mini-Babybel®

AUSSERDEM
Auflaufform

4 PERSONEN

SO GEHT'S

Die Form mit dem Öl einreiben und überlappend mit Bacon auslegen, erst die eine Seite, dann die andere. Auf dem Boden müssen die Baconscheiben ebenfalls überlappen.

Das Hackfleisch in eine Schüssel geben. Die Zwiebeln schälen, die Paprika halbieren, putzen, waschen und beides in feine Würfel schneiden. Im Anschluss Eier, Senf, Paniermehl und Camperwürze hinzugeben. Jetzt muss alles richtig ordentlich verknetet werden, also mit frisch gewaschenen Händen Vollgas geben. Denn wenn ihr das Hack schön knetet, passiert etwas ganz Wundervolles: Die Proteine entfalten sich zu langen Ketten. Die langen Fäden verhaken sich ineinander und verbinden das Hack schon vorab. Ähnlich wie das Eiweiß, wenn man es zu Schaum schlägt.

Im Anschluss die Hälfte des Hacks in die Form geben. Hierbei vorsichtig vorgehen, damit man den Baconmantel nicht zerstört. Babybel® nun vorsichtig senkrecht in das Hack stellen, einen neben dem anderen. Zum Rand hin ca. 2 cm Platz lassen. Das restliche Hackfleisch in die Form geben und das Ganze mit dem überlappendem Bacon zudecken.

Nun ist es an der Zeit, den Grill auf ca. 160 °C vorzuheizen. Die Form kann ohne Deckel in den Ofen oder Grill gegeben werden. Als Garzeit könnt ihr ca. 1 Stunde veranschlagen.

Teriyaki-HÄHNCHEN

»Hähnchen mit Teriyaki – so einfach und doch so lecker. In wenigen Minuten entsteht ein mega Gericht auf dem Grill.«

ZUTATEN

20 g frischer Ingwer
250 ml Sojasauce
3 TL Honig
1 Chilischote
1 kg Hähnchenbrustfilet
2 Bund Suppengrün
150 ml Brühe nach Wahl
6 TL Öl

4 PERSONEN

SO GEHT'S

Für die Marinade den Ingwer schälen und in kleinstmögliche Stücke hacken, im Anschluss mit einer Gabel quetschen, sodass ein Brei entsteht. Zusammen mit der Sojasauce und dem Honig in einem kleinen Topf zum Kochen bringen. Die Chilischote putzen, waschen und in kleine Ringe schneiden. Zur Marinade geben und für 2–3 Minuten köcheln lassen. Die Sauce abkühlen lassen und die Hähnchenfilets für 2 Stunden darin ziehen lassen.

In der Zwischenzeit das Gemüse schälen, in 2 × 2 cm große Würfel schneiden und in einer Pfanne mit 5 TL Öl rundherum für ca. 10 Minuten anbraten. Im Anschluss die Brühe hinzugeben und komplett verkochen lassen. Das dürfte ungefähr 10 weitere Minuten dauern.

Das Gemüse aus der Pfanne nehmen, die Hähnchenstreifen dazu geben, mit 1 TL Öl scharf anbraten. Das Hähnchen aus der Pfanne nehmen und für ca. 5 Minuten ruhen lassen. In der Zwischenzeit das Gemüse noch einmal in die Pfanne geben, damit es wieder richtig schön heiß wird. Aus dem Gemüse ein Bett formen und das Hähnchen darauf anrichten. Dazu passt Reis.

Hähnchen-
SCHENKEL
AUF KARTOFFELBETT

»Oftmals möchte man nicht für Stunden am Grill stehen. Hier haben wir ein leckeres, leichtes Gericht für den Dutch Oven.«

ZUTATEN

500 g festkochende Kartoffeln

300 g Möhren

300 g Knollensellerie

4 Hähnchenkeulen

je 1 TL Salz, Pfeffer, edelsüßes Paprikapulver

400 ml Brühe nach Wahl

2 Zweige Thymian

2 Zweige Rosmarin

AUSSERDEM

Dutch Oven (FT4,5)

Kohlebriketts

4 PERSONEN

SO GEHT'S

Für den Dutch Oven benötigen wir ca. 12 Kohlen, welche wir schon einmal anzünden und durchglühen lassen.

Kartoffeln, Möhren und Sellerie schälen und in 3 × 3 cm große Stücke schneiden. Das Hähnchen mit Salz, Pfeffer und Paprikapulver einreiben. Hierbei nicht nur die Haut, sondern auch rundherum würzen.

Die Hälfte der glühenden Kohlen unter den Dutch Oven legen, das Gemüse und die Brühe hineingeben und für 15 Minuten bei geschlossenem Deckel garen.

Anschließend die Hähnchenschenkel mit der Hautseite nach unten auf die Kartoffel-Möhren-Mischung geben und für 45 Minuten garen. Thymian und Rosmarin waschen, trocken tupfen und neben die Hähnchenschenkel legen. Den Deckel schließen und die restlichen Kohlen auf den Deckel legen. Nach 45 Minuten das Hähnchen wenden und für weitere 30 Minuten garen. Dafür 3 Kohlen von der Unterseite nehmen und mit auf den Deckel legen, damit die Haut des Hähnchens auch kross wird.

Es ist keine Beilage nötig, ein guter Rotwein oder ein Bier sind der perfekte Begleiter.

Gambas
AL AJILLO

> »Für uns eine unserer Leibspeisen. Abends draußen sitzen, ein schöner Weißwein, Gambas, Baguette ... Mehr braucht es nicht!«

ZUTATEN

400 g Garnelen (küchenfertig)
7 Knoblauchzehen
2 Chilischoten
2 Stängel Petersilie
150 g Kirschtomaten
50 ml Olivenöl
1 Baguette
Salz, Pfeffer

2 PERSONEN

SO GEHT'S

Die Garnelen waschen und trocken topfen. Knoblauch schälen, 6 Zehen in feine Scheiben schneiden, 1 bleibt ganz. Chilischoten waschen, putzen, entkernen, in Halbringe schneiden. Petersilie waschen, trocken schütteln und grob hacken. Die Tomaten waschen und zur Hälfte einschneiden. Olivenöl in eine Pfanne geben und erhitzen. Knoblauch und Chili für ca. 1 Minute darin anbraten.

Baguette in der Mitte aufschneiden, mit der Innenseite auf den Grillrost legen und anrösten.

Garnelen in die Pfanne zu Knoblauch und Chili geben und für 3–4 Minuten anbraten. Dabei nach 2 Minuten einmal durchschwenken, damit die Garnelen von beiden Seiten Hitze bekommen. Anschließend Tomaten und Petersilie dazugeben, ordentlich umrühren und weitere 2–3 Minuten garen. Mit Salz und Pfeffer abschmecken.

Das Baguette vom Grill nehmen und mit der verbleibenden Knoblauchzehe die angeröstete Innenseite einreiben.

Garnelen vom Grill nehmen und direkt mit dem Baguette genießen.

GANZE *Forelle*

*»Hey, wo sind die Angler? Heute schon eine Forelle gefangen? Oder steht Angeln noch auf dem Plan? Dann kommt hier ein großartiges Rezept! (Geht auch mit einer gekauften Forelle *hust*.)«*

ZUTATEN

1 Knoblauchzehe
4 TL Olivenöl
6 EL gemischte TK-Kräuter
3 EL Zitronensaft
2 Forellen (küchenfertig)
3 Stängel Dill
100 g Butter
Salz

2 PERSONEN

SO GEHT'S

Den Knoblauch schälen und kleinstmöglich hacken. Mit dem Öl, 3 EL Kräutern und Zitronensaft eine Marinade anrühren und innen und außen den Fisch damit einreiben. Anschließend ca. 2 Stunden gut gekühlt marinieren. Die Marinade im Anschluss auffangen.

Den Dill waschen, trocken schütteln, die Blättchen abzupfen und hacken. Butter, Dill, ½ TL Salz und die restlichen Kräuter gut vermischen.

Die Forelle bei mittlerer Hitze 10 Minuten pro Seite grillen. Am besten eignet sich hierzu ein Fischgrillrost, es geht aber auch ohne, wenn man beim Wenden ein bisschen aufpasst. Die Kräuterbutter direkt auf dem Teller über den noch heißen Fisch geben, damit sie schön zerläuft.

Tipp

Dazu passt der Sommersalat von Seite 124.

BLUMENKOHL-*Steaks*

»Als vegetarische Steak-Variante eignet sich Blumenkohl perfekt. Pro Blumenkohl kann man nur zwei Steaks gewinnen, das tut dem aber keinen Abbruch, denn aus den Röschen kann man Spieße machen.«

ZUTATEN

1 großer Blumenkohl (ca. 1 kg)
2 EL Olivenöl
Salz, Pfeffer
edelsüßes Paprikapulver
2 Knoblauchzehen
2 TL Butter
1 Zweig Rosmarin

2 PERSONEN

SO GEHT'S

Aus der Blumenkohlmitte 2 Steaks à 2 cm Dicke schneiden. Hier ist darauf zu achten, dass sie mit dem Strunk verbunden sind, denn dieser hält das Steak zusammen. Die übrigen Blumenkohlröschen können z. B. für Gemüsespieße genutzt werden.

Den Grill aufheizen, 140–160 °C sind für den Blumenkohl perfekt. Eine Pfanne oder Auflaufform einölen, den Blumenkohl von beiden Seiten mit Salz, Pfeffer und Paprikapulver würzen und in die Pfanne legen.

Die Pfanne in den Grill stellen und den Blumenkohl für 5 Minuten anbraten. In der Zwischenzeit den Knoblauch schälen, klein hacken und mit der Butter vermischen.

Rosmarisch waschen und trocken schütteln. Den Blumenkohl nach 5 Minuten wenden. Die Knoblauchbutter zusammen mit dem Rosmarin in die Pfanne geben.

Wenn die Butter geschmolzen ist, diese mit einem Löffel vorsichtig über die Steaks geben, so entsteht ein fantastisches Aroma. Nach 5–7 Minuten sind die Steaks fertig.

GEFÜLLTE Champignons MIT FRISCHKÄSE

»Als vegetarisches Menü oder als Beilage eignen sich Pilze dank ›Umami‹ perfekt.«

ZUTATEN

600 g braune Champignons

½ Knoblauchzehe

1 Stängel Tymian

1 Stängel Petersilie

4 EL geriebener Emmentaler

6 EL Frischkäse

Salz, Pfeffer

2 PERSONEN

SO GEHT'S

Champignons putzen. (Nicht mit Wasser waschen, das macht sie matschig.) Die Stiele ausbrechen.

Den Knoblauch schälen, klein hacken und mit einem Küchenmesser auf einem Brett zu Brei zerdrücken. Thymian und Petersilie waschen, trocken schütteln, die Blätter abzupfen und fein hacken. 3 EL geriebenen Käse mit dem Messer noch einmal hacken, sodass die Stücke maximal 2 mm groß sind. Alles miteinander vermengen und mit Salz und Pfeffer abschmecken.

Die Pilze mit der Frischkäsemasse füllen, den Grill in der Zwischenzeit auf ca. 200 °C aufheizen. Die Pilze mit dem restlichen Käse bestreuen, diesen etwas andrücken und so lange auf den Grill geben, bis der Käse verlaufen ist.

Tipp

Warum ist das Rezept so wandelbar? Es gibt unzählige Frischkäsevarianten: mit Ananas, Rettich, Knoblauch, gegrillter Paprika ... Testet doch einmal so einen Frischkäse mit Geschmack bei diesem Rezept.

Gefüllte PAPRIKA MIT FETA

»Gegrillte Paprika, gefüllt mit Feta, Oliven und Knoblauch – da läuft einem nicht nur auf dem Campinglatz das Wasser im Mund zusammen!«

ZUTATEN

4 rote Paprika
200 g Reis
6 Knoblauchzehen
1 Zwiebel
400 g Feta
60 g schwarze Oliven (ohne Stein)
6 EL gemischte TK-Kräuter
6 TL Olivenöl
300 g stückige Tomaten (Dose)
Salz, Pfeffer

4 PERSONEN

SO GEHT'S

Paprika halbieren, putzen und waschen. Den Reis kochen, abkühlen lassen. Knoblauch und Zwiebel schälen und fein hacken. Den Feta mit der Hand zerbröseln. Die Oliven hacken. Jeweils 1 TL Knoblauch, Zwiebel und Kräuter für die Sauce zur Seite legen. Oliven zusammen mit den restlichen Zwiebeln, Knoblauch und Kräutern sowie Reis, Feta und Olivenöl vermengen.

Die Fetamasse in die Paprika geben und leicht andrücken. Den Grill auf ca. 180 °C anheizen, die Paprika für ca. 1 Stunde darauf garen. In der Zwischenzeit die Tomaten zusammen mit den restlichen Zwiebeln, Knoblauch und Kräutern in einem Topf zum Köcheln bringen und ca. 30 Minuten garen, sodass eine Sauce entsteht, diese mit Salz und Pfeffer abschmecken. Die Paprika vom Grill nehmen und die Sauce darüber verteilen.

Aufgespießt!

DREIERLEI SCHWEINE-Schaschlik

»Schaschlik ist für uns das Größte auf dem Campingplatz. Aus diesem Grund haben wir direkt drei tolle Rezepte für euch.

Unser absoluter Liebling darunter: Das Yakudra-Rezept, das uns @grill_bro_85 zur Verfügung gestellt hat.«

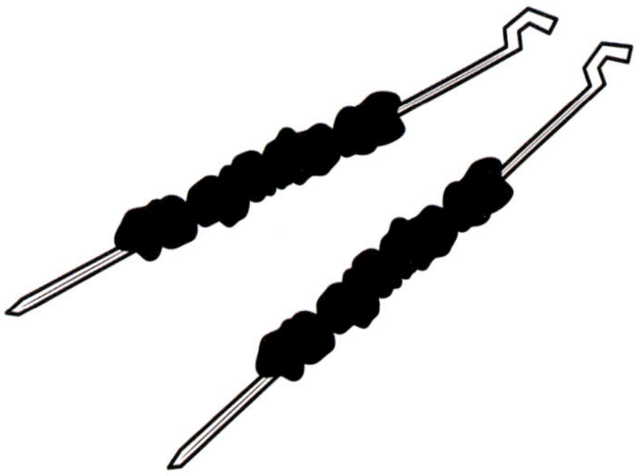

JE 4 PERSONEN

Russisches Schaschlik-Schwein

ZUTATEN

1 kg Schweinenacken
500 g Zwiebeln
2 Tomaten
Salz, 2 TL Pfeffer
2 TL Essig
4 TL Camperwürze
(siehe Seite 11)

AUSSERDEM
Schaschlik-Spieße

SO GEHT'S

Das Fleisch waschen und in ca. 4 × 4 cm große Würfel schneiden. Zwiebeln schälen, halbieren und in Halbringe schneiden. Tomaten waschen, den Stielansatz entfernen und die Tomaten mit der Hand in einer Schüssel zerdrücken. 4 g Salz und die restlichen Zutaten hinzugeben und mit dem Fleisch vermengen. Für mindestens 4 Stunden, am besten über Nacht, ziehen lassen. Fleischwürfel aufspießen und auf dem Grill goldbraun grillen. Die Zwiebeln dienen hier nur als Geschmacksträger, sie werden nicht aufgespießt.

Bier-Schaschlik

ZUTATEN

1,2 kg Nackensteak
1 kg Zwiebeln
1 l helles Bier
16 g Salz
15 EL Sonnenblumenöl
6 EL Senf
2 EL edelsüßes Paprikapulver
2 EL Pfeffer
4 Lorbeerblätter

AUSSERDEM
Schaschlik-Spieße

SO GEHT'S

Das Steak waschen und trocken tupfen. Mit einem scharfen Messer in ca. 3 × 3 cm große Würfel schneiden. Die Zwiebeln schälen, in Ringe schneiden und eine Schüssel geben. Mit den Händen für 2 Minuten kräftig andrücken. So brechen sie auf und lassen ihren Geschmack und die Flüssigkeit besser austreten. Die restlichen Zutaten mit den Steak-Würfeln vermengen und über Nacht ruhen lassen. Anschließend die Fleischwürfel auf einen Spieß geben und über Kohle grillen. Die Zwiebeln am besten von den Spießen entfernen, sie verbrennen sonst und geben einen unangenehmen Geschmack ab.

Yakudra-Schaschlik

ZUTATEN

1,2 kg Schweinenacken
4 rote Zwiebeln
1 Bund Petersilie
150 ml Teriyaki-Sauce
2 EL Sesam
120 ml Weißwein
½ Zitrone
1 TL Chilliflocken
250 ml kohlensäurehaltiges Mineralwasser
je 2 TL Salz und Pfeffer

AUSSERDEM

Schaschlik-Spieße

SO GEHT'S

Das Fleisch waschen und trocken tupfen. Mit einem scharfen Messer in ca. 3 × 3 cm große Würfel schneiden. Die Zwiebeln schälen und in Ringe schneiden. Die Petersilie waschen, trocken schütteln und klein hacken. Mit den restlichen Zutaten vermischen und zu den Fleischwürfeln geben. Wichtig: Die Zutaten müssen richtig gut (5 Minuten) in das Fleisch eingeknetet werden. Nachdem die Zutaten mindestens 4 Stunden, besser noch eine Nacht, im Kühlschrank verweilt haben, werden diese auf Spieße gesteckt und über offener Flamme rundum schön angebraten.

ADANA Kebab

»Wie so oft überlegt man sich auf dem Campingplatz, was man heute zu essen machen soll. Wir entführen euch mal in die orientalische Küche und machen Kebab.«

ZUTATEN

3 Chilischoten

4 Knoblauchzehen

2 Zwiebeln

1 Bund Petersilie

1 kg Rinder- oder Lammhackfleisch (alternativ gemischt, Fettanteil ca. 10 %)

1 TL Paprikamark (alternativ Tomatenmark)

½ Zitrone

Salz, Pfeffer

gemahlener Kreuzkümmel (nach Belieben)

AUSSERDEM

Schaschlik-Spieße

6 PERSONEN

SO GEHT'S

Wichtig bei diesem Rezept ist, dass alle Zutaten extrem fein geschnitten werden – am besten zu einer Paste verarbeitet oder winzig klein gehackt. Die Chilischoten putzen, waschen und ganz fein hacken. Knoblauch schälen, klein hacken und mit einem Messer zu Püree verarbeiten. Die Zwiebeln schälen und in kleinste Würfel schneiden. Petersilie waschen, trocken schütteln, die Blätter abzupfen und hacken.

Alle Zutaten vermengen und für 10 Minuten mit den Händen kneten. Dieser Schritt ist wichtig, damit eine vernünftige Bindung entsteht und das Fleisch nicht vom Spieß fällt. Ca. 150 g Hackmasse auf jedem Spieß verteilen, das Hackfleisch dabei gut andrücken.

Den Grill auf 200 °C vorheizen und die Spieße auflegen. Nach ca. 30 Sekunden direkt einmal wenden. Im Anschluss werden die Spieße von jeder Seite 2 Minuten gegrillt.

Tipp

Dazu passt ein frischer Quark oder Fladenbrot.

RINDERFILET-Spieße

»Wenn es draußen heiß ist, möchte man nicht 2 Stunden am heißen Grill stehen, aber trotzdem gut essen. Diese Spieße gehen schnell und sind superlecker.«

ZUTATEN

1 Limette
4 TL Teriyaki-Sauce
3 TL Sonnenblumenöl
2 TL Zucker
½ TL edelsüßes Paprikapulver
Salz, Pfeffer
500 g Rinderfilet

AUSSERDEM
4 Holzspieße

2 PERSONEN

SO GEHT'S

Das Wichtigste an diesem Rezept ist: lange marinieren, kurz grillen.

Die Limette auspressen und den Saft mit den anderen Zutaten (außer Fleisch) vermischen. Die Filets in gleich große Medaillons schneiden und in die Sauce legen. Über Nacht marinieren lassen.

Am Folgetag den Grill auf höchste Temperatur einregeln, die Filets auf die Holzspieße stecken. Den Grillrost, kurz bevor man die Spieße auflegt, mit einem mit Öl getränkten Tuch benetzen, denn Filet hat keinen Fettanteil, welcher das Fleisch davor schützt, haften zu bleiben. Die Filetspieße für jeweils 2 Minuten pro Seite grillen. Sie sind perfekt, wenn sie außen goldbraun und innen rosa sind.

Tipp

Dazu passt ein frischer Sommersalat, den ihr *auf Seite 124 findet.*

HÄHNCHEN-
Schaschlik
RUSSISCHER ART

ZUTATEN

1,2 kg Hähnchenbrustfilet
1 Bund Dill
½ Bund Petersilie
500 g Zwiebeln
2 Kiwis
300 g Mayonnaise
300 ml Kefir
300 g Remoulade
20 g Salz
3 EL Essig
Pfeffer

AUSSERDEM
4 Schaschlik-Spieße

4 PERSONEN

SO GEHT'S

Hähnchen in 4 × 4 cm große Stücke schneiden. Dill und Petersilie waschen, trocken schütteln und hacken. Zwiebel schälen und in Ringe schneiden. Die Kiwis halbieren, mit einem kleinen Löffel das Fruchtfleisch aus der Schale lösen, in kleine Würfel schneiden und mit einer Gabel zerdrücken. Alle Zutaten miteinander vermengen und für 2 Stunden ziehen lassen. Zwischendurch umrühren.

Nach 2 Stunden das Fleisch auf Schaschlikspieße stecken und über dem Holzkohlegrill rundum goldbraun grillen.

LACHS-*Spieße*

»So, jetzt wird es edel. Lachs auf dem Campingplatz? Klar, warum nicht. Am besten als leckerer Spieß, eingelegt in Teriyaki-Sauce.«

ZUTATEN

600 g Lachs
2 Knoblauchzehen
2 Frühlingszwiebeln
2 EL Olivenöl
200 ml Teriyaki-Sauce
je 1 rote und gelbe Paprika
¼ Zitrone

AUSSERDEM
Schaschlik-Spieße

4 PERSONEN

SO GEHT'S

Den Lachs in Würfel à 4 × 4 cm schneiden, die Haut dabei entfernen. Die Stücke in eine Schüssel geben. Den Knoblauch schälen und klein hacken. Frühlingszwiebeln waschen, putzen, in Ringe schneiden und zusammen mit Knoblauch, Olivenöl und Teriyaki-Sauce zum Lachs geben. Alles vorsichtig miteinander vermengen und für mindestens 4 Stunden, besser über Nacht, ziehen lassen.

Am nächsten Tag die Paprika halbieren, putzen, waschen und in Stücke in der Größe des Lachses schneiden. Abwechselnd Lachs und Paprika auf die Spieße stecken.

Den Grill vorheizen und die Lachs-Spieße bei indirekter Hitze bei ca. 160 °C garen. Der Lachs ist fertig, wenn das Eiweiß austritt. Dann die Spieße auf die direkte Hitze legen und kurz von allen Seiten anbraten. Dieser Schritt ist nicht zwingend erforderlich, die Spieße sehen dann aber schöner aus. Den Saft der Zitrone auspressen und über die Spieße geben. Fertig!

GEMÜSE-Spieße

ZUTATEN

2 Knoblauchzehen
3 EL Olivenöl
3 EL Orangensaft
1 EL Honig
je ½ TL Chilipulver und edelsüßes Paprikapulver
Salz, Pfeffer
1 rote Paprika
1 Zwiebel
1 Zucchini
1 Aubergine
1 Honigmelone
100 g Feta

AUSSERDEM
Schaschlik-Spieße

10 PERSONEN

SO GEHT'S

Für die Marinade den Knoblauch schälen, sehr fein hacken und mit Olivenöl, Orangensaft, Honig und Gewürzen vermischen.

Paprika halbieren, putzen und waschen, Zwiebel schälen. Zucchini und Aubergine waschen, putzen und das gesamte Gemüse in ca. 4 x 4 cm große Würfel schneiden.

Das Gemüse mit der Marinade vermengen und für ca. 30 Minuten ziehen lassen. In der Zwischenzeit die Melone schälen, entkernen und ebenfalls in 4 cm große Würfel schneiden.

Abwechselnd Gemüse- und Melonenstücke auf Spieße stecken. Die Spieße auf den Grill legen, mit der restlichen Marinade bestreichen und ca. 10 Minuten grillen. Die Spieße sollten nun fast fertig sein.

Die Spieße zusammenschieben, so dass sie sich berühren. Den Feta nun über den Spießen fein zerbröckeln. Weitere 5 Minuten garen, den Deckel des Grills dabei schließen.

Auf die Hand

HÄHNCHEN-Tacos

»Tacos gehören einfach dazu! Schnell gemacht, direkt auf die Hand. Easy und lecker.«

ZUTATEN

2 Hähnchenbrustfilets

1 EL Camperwürze (siehe Seite 11)

1 Frühlingszwiebel

6 Taco Shells (Fertigprodukt)

12 EL Guacamole (siehe Seite 146)

2 EL Mais

4 PERSONEN

SO GEHT'S

Hähnchenbrust waschen, mit der Camperwürze würzen und von beiden Seiten 5 Minuten anbraten. Das Fleisch in Streifen schneiden. Frühlingszwiebel waschen und in Ringe schneiden. Die Tacos mit der Guacamole bestreichen und mit den anderen Zutaten füllen.

CHEESE-Burger

»Ein guter Cheese-Burger geht immer. Und wenn dieser auch noch schnell fertig ist, freuen sich alle.«

ZUTATEN

4 Brioche-Buns
800 g Rinderhackfleisch (ca. 10 % Fettanteil)
Salz
4 EL Senf
8 Scheiben Bacon
2 Scheiben Cheddar
4 TL BBQ-Sauce (Fertigprodukt)
4 Salatblätter (z. B. Eisberg)
1 Fleischtomate
4 TL Mayonnaise

4 PERSONEN

SO GEHT'S

Brioche-Buns aufschneiden und auf dem Rost von innen goldbraun grillen. So zieht die Sauce nicht in das Brötchen und der Burger bleibt schön saftig. Hackfleisch mit ½ TL Salz und 1 TL Senf würzen und für mindestens 2 Minuten ordentlich durchkneten.

Die Pattys auf den Grill geben und von jeder Seite ca. 5 Minuten – je nach gewünschtem Gargrat – grillen. In der Zwischenzeit den Bacon knusprig grillen. 2 Scheiben Cheddar auf die Pattys geben und für ca. 5 Minuten bei geschlossenem Deckel oder mit einer Käseglocke garen. Die Tomate waschen, vom Stielansatz befreien und in Scheiben schneiden.

Den Burger wie folgt von unten nach oben belegen: BBQ-Sauce, Salat, Patty, Bacon, Tomate, Mayonnaise, Senf.

Tipp

Perfekt dazu passen Pimientos de Padrón. Die Paprika auf den Grill geben, mit Olivenöl und Salz versehen und so lange grillen, bis Sie außen stellenweise dunkelbraun werden.

FISCH-Burger

»Ein schönes Stück Fisch als Burger, eine großartige Abwechslung.«

ZUTATEN

4 Burger Buns

1 kg weißes Fischfilet

2 EL Olivenöl

Salz, Pfeffer

400 g Gambas (küchenfertig)

200 ml Knoblauchsauce (Fertigprodukt)

2 Rispen Kirschtomaten

100 g Rucola

4 PERSONEN

SO GEHT'S

Die Burger Buns aufschneiden und auf den Grill legen, damit sie innen anrösten. Den Fisch in 4 Teile teilen, mit dem Öl einreiben, salzen und pfeffern.

Den Fisch auf den Grill legen, dieser sollte ca. 180 °C warm sein. Die Gambas mit 2 EL Knoblauchsauce vermengen und mit auf den Grill legen. Die Tomaten waschen, aber am Strauch lassen, und mit auf den Grill geben. Wenn der Fisch durchgebraten ist, die Unterseite des Brötchens mit Knoblauchsauce bestreichen, Rucola daraufgeben und den Fisch darauflegen. Der Fisch sollte noch schön saftig sein.

Die Gambas und die Tomaten können nach Belieben auf den Burger gegeben oder aber als Beilage genutzt werden. Zum Schluss die Oberseite des Brötchens auflegen und genießen.

CHICKEN-Burger

»Oft heißt es, dass ein Chicken-Burger der ›Lady Burger‹ sei – das sehen wir anders. Ein tolles Gericht, das jeden Burger-Fan begeistert.«

ZUTATEN

3 TL Zucker
6 TL Essig
2 TL Honig
6 TL Ketchup
500 g Hähnchenbrustfilet
1 rote Paprika
2 Frühlingszwiebeln
4 Burger Buns
1 Tomate
2 TL Öl
Salz, Pfeffer
2 TL Mayonnaise
4 Blätter Eisbergsalat
200 ml Chilisauce (Fertigprodukt)

4 PERSONEN

SO GEHT'S

Zuerst die Marinade fürs Hähnchen herstellen. Zucker in einer Pfanne schmelzen. Mit dem Essig ablöschen und im Anschluss Honig und Ketchup dazu geben. Die Sauce soll dickflüssig sein. Beiseitestellen, abkühlen lassen.

Hähnchenbrust der Länge nach aufschneiden, sodass ca. 2 cm dicke „Steaks" entstehen. Die Hähnchensteaks in die abgekühlte Sauce legen und von allen Seiten damit bedecken. Am besten das Hähnchen nun 2 Stunden darin marinieren lassen, mindestens jedoch 30 Minuten.

In der Zwischenzeit die Paprika halbieren, putzen, waschen und in vier Teile schneiden. Den Grill auf höchste Stufe erhitzen, die Paprika drauflegen und so lange grillen, bis sie fast schwarz ist. Die Haut der Paprika entfernen und die Paprika in Streifen à 1 cm schneiden. Die Frühlingszwiebel waschen, putzen und in Ringe schneiden.

Die Burger Buns aufschneiden und mit der Innenseite auf dem Grill leicht anrösten. Die Tomate waschen, putzen, in 1 cm dicke Scheiben schneiden, 5 Minuten grillen, dabei mit Öl, Salz und Pfeffer benetzen. Die Hähnchenbrust aus der Marinade nehmen und gar grillen.

Den Burger in folgender Reihenfolge belegen: Brötchenunterseite, Mayonnaise, Eisbergsalat, Hähnchen, Tomate, Paprika, Chilisauce, Frühlingszwiebeln, nochmals Chilisauce, Brötchendeckel.

RINDERSTEAK-Sandwich

»So ein leckeres Rindersteak in einem Sandwich, verfeinert mit Grillpaprika. Das Steak bleibt der Champion auf diesem Sandwich.«

ZUTATEN

2 Rumpsteaks (à 220 g)
1 TL Salzflocken (alternativ grobes Salz)
1 Ciabatta-Baguette
1 rote Paprika
½ Zwiebel
1 Avocado
2 EL Schmand
je ½ TL Salz und Pfeffer
1 EL Tomatenmark
3 EL Olivenöl
50 g Rucola
2 TL Senf (am besten Dijon, nach Belieben)
2 EL gehackte Petersilie

2 PERSONEN

SO GEHT'S

Steak für ca. 30 Minuten Raumtemperatur annehmen lassen. Anschließend abwaschen, trocken topfen und Salzflocken daraufgeben. Weitere 10 Minuten ruhen lassen. Baguette längs aufschneiden und auf dem Grill goldbraun grillen. Paprika vierteln, putzen, waschen und auf den Grill legen. Die Paprika für ca. 5 Minuten auf dem Grill garen. Die Paprikaviertel in Streifen schneiden.

Steaks mit einem Tuch abtupfen, sollte das Salz schon Wasser gezogen haben. Für jeweils 2 Minuten pro Seite auf den heißen Grill legen. Keine Sorge, wenn es ordentlich zischt und qualmt, das Steak kann das ab. Das Steak vom Grill nehmen und diesen auf kleinste Stufe runterregeln. Wenn man den Deckel öffnet, geht das recht zügig. Die Steaks auflegen und weitere 5 Minuten bei niedriger Hitze ziehen lassen. Im Anschluss die Steaks auf ein Brett legen und 5 Minuten ruhen lassen.

Für die Sauce die Zwiebel schälen und in feine Würfel schneiden. Avocado halbieren, den Stein entfernen, das Fruchtfleisch mit einem Löffel herauslösen und mit einer Gabel zerdrücken. Mit Zwiebel, Schmand, Salz und Pfeffer, Tomatenmark und Olivenöl vermengen. Petersilie waschen, trocken schütteln und hacken. Rucola waschen und trocken schleudern.

Das Baguette wird wie folgt belegt: eine dünne Schicht Senf, Rucola, das in Scheiben geschnittene Steak. Darauf kommen Paprika, Sauce und Petersilie.

ÜBERBACKENES WURST-Baguette

»Ein Kräuter-Baguette muss nicht immer einfach so auf den Grill – mit ein paar Kniffen wird es zum Highlight.«

ZUTATEN

2 Kräuter-Baguettes (Fertigprodukt)

3 weiße Bratwürste

3 TL Ketchup

50 g Cheddar

50 g Gouda

4 PERSONEN

SO GEHT'S

Die Baguettes in der Mitte mit einem Messer einschneiden. Die Bratwurst auf dem Grill rundherum braun anbraten. Das Baguette leicht aufklappen und innen mit Ketchup bestreichen. Die Bratwurst in das Baguette geben. Die Baguettes auf den Grill legen, dieser sollte ungefähr 150 °C heiß sein. Beide Käsesorten reiben, miteinander vermischen und über die Baguettes geben. So lange garen, bis der Käse verlaufen ist, und direkt heiß servieren.

Tipp

Vor allem Kinder lieben diese Baguettes.

Quesadillas
MIT BRATWURST

»Die mexikanische Küche hält viel leckeres Essen bereit, welches schnell zubereitet ist. Leicht abgewandelt wird aus Quesadillas ein großartiges Leftover-Rezept.«

ZUTATEN

2 weiße Bratwürste

½ Bund Petersilie

1 Pck. Weizen-Tortillas (Fertigprodukt, ca. 350 g)

1 Pck. gemischter geriebener Käse (ca. 150 g)

4 PERSONEN

SO GEHT'S

Die Bratwürste rundum goldbraun grillen. Petersilie waschen, trocken schütteln und fein hacken. Einen Wrap auf den Grill legen, mit Käse, 1 Bratwurst und etwas gehackter Petersilie belegen. Den Wrap zuklappen und 5 Minuten bei mittlerer Hitze grillen. Den Wrap nun wenden und weitere 5 Minuten grillen. Die Quesadilla ist fertig, wenn man diese in der Mitte leicht anhebt, und der Käse komplett geschmolzen ist.

Tipp

Dazu passt perfekt eine Guacamole, welche ihr ebenso im Buch findet *(Seite 146).*

GEGRILLTE Hackstullen

»Hier eine weitere leckere Möglichkeit, Reste zu verarbeiten. Kinder lieben diese Hackstullen, probiert es mal aus.«

ZUTATEN

500 g Mett
1 Ei (Größe M)
Salz, ½ TL Pfeffer
150 g Feta
12 Scheiben Brot

6 PERSONEN

SO GEHT'S

Das Mett mit Ei, ½ TL Salz und Pfeffer vermengen. Den Feta mit einer Gabel krümelig drücken und unter die Hackmasse heben. Die Brotscheiben mit dem Mischung bestreichen, diese sollte ca. 0,5 cm dick sein. Die Masse mit einer Gabel richtig schön fest andrücken, damit sie beim Grillen auf dem Brot bleibt.

Den Grill auf ca. 200 °C vorheizen und die Brotscheiben mit dem Mett zuerst auf den Grillrost legen. Nach ca. 2 Minuten wenden und weitere 2 Minuten angrillen, eventuell noch einmal wenden. Die Hackstulle ist fertig, wenn sie goldbraun von beiden Seiten ist.

Tipp

Natürlich kann man die Stulle noch etwas abändern. So kann man z. B. gebratene Eier auf das Hack geben.

Pizza AUS DEM OMNIA®

»Die Kids wollen Pizza, aber ihr habt keinen Backofen und bestellen wollt ihr nicht? Kein Problem, das bekommen wir schnell gelöst.«

ZUTATEN

1 Pizza-Kit (Teig und Tomatensauce, Fertigprodukt)

150 g Salami

1 Pck. geriebener Pizzakäse (ca. 250 g)

2 EL Olivenöl

AUSSERDEM

Omnia® (Camping-Backofen) mit Silikoneinsatz

2 PERSONEN

SO GEHT'S

Den Pizzateig ausrollen. Tomatensauce, Salami und Käse auf den Teig geben. Den Teig zu einer Rolle zusammenrollen. Den Silikoneinsatz in den Omnia® geben und mit Olivenöl bestreichen. Die Teigrolle in den Omnia® legen und bei ca. 150 °C backen. Die Pizza soll eine schöne, braune Farbe und Kruste haben.

Tipp

Die Pizza kann nach Belieben belegt werden. Wie wäre es mit einer Vier-Käse- oder Thunfisch-Variante?

MEDITERRANES Brot

»Habt ihr Lust, selbst ein Brot zu backen? Ein herzhaftes Grillbrot ist ein toller Begleiter von allerlei Speisen – der Aufwand lohnt sich.«

ZUTATEN

1 Würfel frische Hefe (42 g, alternativ 2 Pck. Trockenhefe)

Zucker

500 g Mehl

75 g getrocknete Tomaten

150 ml Rinderbrühe

je 1 rote und gelbe Paprika

2 Zweige Thymian

2 Zweige Rosmarin

2 EL Olivenöl

Salz

AUSSERDEM

Omnia® (Camping-Backofen)

4 PERSONEN

SO GEHT'S

Hefe mit 1 Prise Zucker und 300 ml warmem Wasser vermischen und für 5 Minuten gehen lassen. Das Mehl in eine Schüssel geben und eine Mulde in der Mitte formen. Die Hefemischung in die Mulde geben und mit etwas Mehl vermischen, für 15 Minuten ruhen lassen.

In der Zwischenzeit die getrockneten Tomaten mit der Brühe übergießen und für 15 Minuten beiseitestellen. Die Paprika halbieren, putzen, waschen und in kleine Würfel schneiden. Die Tomaten aus der Brühe nehmen, abtupfen und in feine Streifen schneiden. Tomaten und Paprika vermengen. Thymian und Rosmarin waschen, trocken schütteln, die Blätter bzw. Nadeln abzupfen und hacken. Olivenöl, 1 TL Salz, Thymian und Rosmarin in den Teig geben und einarbeiten, bis ein fester Teig entsteht. Paprika und Tomaten hinzugeben und ordentlich verkneten. Die Teigmischung in den Omnia® geben und für 30 Minuten ruhen lassen.

Im Anschluss das Brot im Omnia® bei mittlerer Hitze für 40 Minuten auf dem Grill garen. Wichtig: Nicht sofort den Deckel nach dem Garen abnehmen. Das Brot für ca. 15 Minuten mit dem Deckel abkühlen lassen.

KNOBLAUCH-Käse-Brot

»Ein Brot darf auch gerne mal das Highlight auf dem Tisch sein. Käse und Knoblauch, die sich ins Brot mischen, kreieren eine köstliche Beilage.«

ZUTATEN

1 Brot (z. B. Roggenbrot, ca. 750 g)

3 Knoblauchzehen

1 Bund Petersilie

200 g Butter

4 EL Olivenöl

Salz, Pfeffer

350 g Cheddar

4 PERSONEN

SO GEHT'S

Das Brot mehrfach längs und quer einschneiden, um ein Schachbrettmuster zu erzeugen. Knoblauch schälen und in kleine Würfel schneiden. Petersilie waschen, trocken schütteln und klein hacken. Butter zusammen mit dem Öl, Knoblauch und Petersilie für 10 Minuten bei schwacher Hitze braten. Mit Salz und Pfeffer abschmecken und mit einem Pinsel oder Esslöffel in die Lücken des Brotes geben. Im Anschluss den Käse reiben, in das Brot drücken und bei ca. 180 °C auf den Grill legen. Den Deckel dabei schließen. Der Käse soll schön geschmolzen sein.

Wenn die Nachbarn vorbeikommen

Nachos AUS DEM OMNIA®

»Aus dem Omnia® kann man so viel mehr rausholen als nur Brötchen. Wie wäre es mit Nachos? Die Nachbarn werden euch dafür lieben.«

ZUTATEN

500 g Rinderhackfleisch
1 Zwiebel
2 Knoblauchzehen
100 g Tomaten (Dose)
4 EL Mais-Bohnen-Mix (Dose)
2 TL Taco-Gewürz (siehe Tipp)
125 g Tortilla-Chips
10 Kirschtomaten
200 g Emmentaler
75 g Butter
1 TL Mehl
150 ml Milch
200 g Cheddar
2 TL Chili
1 TL edelsüßes Paprikapulver
frische Jalapeños oder Chili (nach Belieben)

AUSSERDEM
Omnia® (Camping-Backofen)

4 PERSONEN

SO GEHT'S

Das Hackfleisch in einer Pfanne auf dem Grill anbraten, bis es krümelig ist. Die Zwiebel und den Knoblauch schälen, fein hacken und zum Hackfleisch geben. Nach 5 Minuten die Tomaten, den Mais-Bohnen-Mix und das Taco-Gewürz hinzugeben und weitere 5 Minuten garen lassen.

Tortilla-Chips in den Omnia® geben und die Hackmasse darauf verteilen. Tomaten waschen, klein schneiden und auf das Hack legen. Den Emmentaler reiben und ebenfalls über die Tortilla-Chips geben. Bei ca. 200 °C garen.

Für die Sauce die Butter in einer Pfanne schmelzen. Mit dem Mehl eine Mehlschwitze herstellen und mit Milch ablöschen. So lange kräftig rühren, bis eine homogene Sauce entsteht. Den Cheddar reiben, zusammen mit den Gewürzen in die köchelnde Sauce geben und unter ständigem Rühren einarbeiten, bis er sich vollständig aufgelöst hat. Die Sauce abschmecken. Wer es scharf mag, gibt noch frische Jalapeños oder Chilischoten hinzu.

Die Sauce im Anschluss auf die Nachos geben und genießen.

Tipp

Das Taco-Gewürz könnt ihr ganz einfach selbst herstellen, indem ihr Salz, Pfeffer, Paprika- und Chilipulver zu gleichen Teilen miteinander vermengt.

CHILI *con Carne*

»Wer kennt ihn nicht, den Klassiker ›Chili con Carne‹? Wir geben euch ein Grundrezept, welches superleicht gemacht ist und in 1 Stunde auf dem Tisch steht.«

ZUTATEN

4 Knoblauchzehen
1 Zwiebel
50 ml Olivenöl
500 g Rinderhackfleisch
2 TL Tomatenmark
1 Dose Mais (150 g)
3 Dosen Kidneybohnen (à 250 g)
1 Dose geschälte Tomaten (400 g)
500 ml passierte Tomaten
2 TL Chilipulver (wenn Kinder mitessen, nur 1 TL)

AUSSERDEM

Dutch Oven (FT4,5; alternativ Topf)
Kohlebriketts

4 PERSONEN

SO GEHT'S

In einem Anzündkamin 12 Grillbriketts zünden und gut durchziehen lassen. Knoblauchzehen und Zwiebel schälen und klein hacken. Wenn die Kohlen durchgehend grau sind, können sie unter den Dutch Oven gelegt werden, damit dieser ordentlich Hitze aufnehmen kann.

Das Olivenöl in den Dutch Oven geben und darin das Hack, die Zwiebeln und den Knoblauch braten, bis das Hack krümelig ist. Im Anschluss das Tomatenmark dazugeben und gut mit der Hackmasse verrühren. Mais und Kidneybohnen abtropfen lassen und zusammen mit den anderen Zutaten zur Hackmasse geben. Wir empfehlen, mit dem Chilipulver erst einmal vorsichtig zu sein. Nach 30 Minuten kann man erneut abschmecken und den gewünschten Schärfegrad finden. Alle 15 Minuten gut umrühren, nach ca. 1 Stunde ist das Chili fertig.

Tipp

Wie oben beschrieben, handelt es sich hier um ein Grundrezept, welches so schon super schmeckt. Aber gebt doch z. B. mal 50 g Zartbitterschokolade hinzu – mega!

Gulasch AUS DEM DUTCH OVEN

»Wer sagt eigentlich, dass deftige Gerichte nichts auf dem Campingplatz verloren haben? So ein schönes Gulasch am Sonntag auf dem Platz ... Wir können uns nichts Besseres vorstellen!«

ZUTATEN

Sonnenblumenöl zum Anbraten
500 g Rindergulasch
500 g Schweinegulasch
3 Paprika
2 Möhren
2 Zwiebeln
150 g Knollensellerie
3 EL Tomatenmark
je 1 EL edelsüßes und rosenscharfes Paprikapulver
250 ml Rotwein
500 ml Rinderbrühe
Salz, Pfeffer

AUSSERDEM
Dutch Oven (FT4,5)
Kohlebriketts

4 PERSONEN

SO GEHT'S

In einem Anzündkamin 10 Grillbriketts zünden und gut durchziehen lassen. Diese sollten bei Benutzung komplett mit einer grauen Schicht überzogen sein.

Das Öl in den Dutch Oven geben und das Fleisch darin rösten, bis es richtig schön braun ist. Wir brauchen leckere Röstaromen, die das Gericht verfeinern. In der Zwischenzeit die Paprika halbieren, putzen, waschen und in Würfel schneiden. Möhren, Zwiebeln und Sellerie schälen und ebenfalls in 1 × 1 cm große Würfel schneiden. Wenn das Fleisch richtig schön braun ist, Tomatenmark und Paprikapulver dazugeben. Das Gemüse (außer Paprika) hinzugeben und das Ganze mit dem Rotwein ablöschen. Nach ca. 5 Minuten das Gulasch mit der Brühe auffüllen und den Duch Oven verschließen. 5 Briketts reichen nun unter dem Dutch Oven aus, um das Gericht für 2 Stunden schmoren zu lassen. Die Paprika für die letzte Stunde dazugeben. Nach insgesamt 3 Stunden ist das Gulasch fertig.

Tipp

Dazu passen Nudeln oder Kartoffeln. Wir essen es auch gerne einfach mit Brot, welches auf dem Grill kurz von beiden Seiten gegrillt wurde.

ZWIEBEL-*fleisch* NACH KIRMES-ART

»Viele tun sich schwer, auf dem Campingplatz mit Menschen ins Gespräch zu kommen. Wir bereiten dann immer eine große Portion Zwiebelfleisch zu und verteilen diese. Besser als mit gutem Essen kann man kein Gespräch eröffnen.«

ZUTATEN

2 kg Nackensteaks
½ Dose Camperwürze (siehe Seite 11)
2 kg Zwiebeln
6 Knoblauchzehen
2 EL Sonnenblumenöl
150 ml Weißwein
250 ml Rinderbrühe
6 Lorbeerblätter
8 Brötchen

AUSSERDEM
Dutch Oven (FT4,5)
Kohlebriketts

8 PERSONEN

SO GEHT'S

Das Fleisch waschen und trocken tupfen. Mit einem scharfen Messer in ca. 2 cm dicke Scheiben schneiden. Steak-Scheiben von beiden Seiten mit Camperwürze oder einem paprikalastigen Rub eurer Wahl von beiden Seiten marinieren. Die Nackenstaks in eine Schüssel geben und für mindestens 4 Stunden, besser über Nacht, ziehen lassen. Die Zwiebeln und den Knoblauch schälen. Zwiebeln in 5 mm dicke Ringe schneiden, Knoblauch klein hacken.

20 Kohlebriketts unter den Dutch Oven legen, um eine richtig schöne Hitze zu erzeugen. Öl in den Dutch Oven geben und die Nackensteaks nach und nach anbraten. Im Anschluss die Zwiebeln mit der Camperwürze marinieren und glasig anbraten. Das Fleisch mit den Zwiebeln im Dutch Oven schichten, dabei mit den Zwiebeln beginnen.

Restliche Zutaten vermischen und als Sauce über die Zwiebel-Fleisch-Masse gießen. Den Dutch Oven mit 6 Kohlen unten und 14 Kohlen auf dem Deckel belegen und den Ofen für 2 Stunden ganz gemütlich ein köstliches Gericht zaubern lassen. (Spätestens jetzt stehen die ersten Nachbarn bei euch und fragen, was ihr Leckeres zu essen macht.)

Schaut zwischendurch einmal in den Dutch Oven, um die Flüssigkeit zu prüfen, es sollte immer etwas Flüssigkeit vorhanden sein, damit nichts anbrennt. Das reicht alle 30 Minuten. Nach 2 Stunden nehmt ihr den Deckel ab und reduziert die Flüssigkeit 30 Minuten herunter. Die Nackensteaks sind nun herrlich weich und köstlich. Einfach im Brötchen auf die Hand servieren.

Schichtfleisch AUS DEM DUTCH OVEN

»Zum ersten Tag auf dem Campingplatz gehört mittlerweile folgende Tradition bei uns: Schichtfleisch. Zu Hause vorbereitet, kann dieses Gericht perfekt während des Aufbaus garen.«

ZUTATEN

2 kg Schweinenacken (am Stück)

1 Dose Camperwürze (siehe Seite 11)

ca. 40 Scheiben Bacon

2 Zwiebeln

1 Flasche Paprika-Grillsauce (Fertigprodukt, 235 ml)

1 Flasche Chili-Grillsauce (Fertigprodukt, 235 ml)

8 Brötchen

AUSSERDEM

Dutch Oven (FT4,5)

Grillbriketts

8 PERSONEN

SO GEHT'S

Das Fleisch mit der Camperwürze würzen, am besten ein paar Stunden bevor ihr anfangen möchtet, sodass der Rub perfekt ins Fleisch einziehen kann. Wer mag, kann das auch am Vortag machen, das ist allerdings nicht zwingend erforderlich.

Den Dutch Oven mit dem Bacon auslegen, er wird zum leckersten Backpapier der Welt. Wenn der Boden schön bedeckt ist, die Wand rundherum mit dem Bacon auskleiden, sodass ca. die Hälfte des Bacons über den Rand hängt. Diesen können wir dann schön als Deckel nutzen.

Die Zwiebeln schälen und in ca. 0,5 cm dicke Ringe schneiden. Im Anschluss wird das Fleisch ganz einfach abwechselnd mit den Zwiebeln im Topf geschichtet. Alles mit den beiden Saucen bedecken. Diese wird in jeden Zentimeter des Gerichtes laufen – hmmm, köstlich.

Den Bacon über dem Gericht zusammenklappen und den Deckel auflegen. Kohlebriketts aufheizen. Diese sind für den Campingplatz perfekt, da sie beim Vorheizen keinen Rauch entwickeln. Am besten geht das Vorheizen in einem kleinen Anzündkamin. 7 Kohlen unter und 8 Kohlen auf den Deckel des Dutch Oven geben. Nach ca. 1 ½ Stunden ist euer Essen fertig. Ihr könnt natürlich selbst bestimmen, wie euer Fleisch sein soll. Mögt ihr es bissfest? Dann schaut nach 1 ½ Stunden mal rein. Möchtet ihr das Fleisch doch eher „zerpflücken"? Dann wartet ruhig 3 Stunden. Serviert wird das ganze ganz unkompliziert im Brötchen.

BRATWURST-Gulasch

»Wer sagt eigentlich, dass ein Gulasch immer stundenlang dauern muss? Dieses Bratwurst-Gulasch ist ratzfatz gekocht und schmeckt auch Kindern.«

ZUTATEN

5 Bratwürste

2 Zwiebeln

je 1 gelbe und rote Paprika

250 g Sahne

200 ml Schaschlik-Sauce (Fertigprodukt, nach Belieben)

150 ml Rinderbrühe

Salz, Pfeffer

AUSSERDEM

Omnia® (Camping-Backofen)

4 PERSONEN

SO GEHT'S

Die Bratwürste auf den Grill geben und rundherum braun grillen. Die Zwiebeln schälen und in Streifen schneiden. Die Paprika halbieren, putzen, waschen und in Würfel schneiden. Die Würstchen in ca. 2 cm dicke Stücke schneiden. Bratwurst, Zwiebeln und Paprika vermengen und in den Omnia® geben. Sahne, Grillsauce und Rinderbrühe vermischen und über die Bratwurstmischung geben. Alles miteinander vermengen und mit Salz und Pfeffer abschmecken. Das Gulasch für ca. 30 Minuten bei ca. 180 °C im geschlossenen Grill garen.

Tipp

Der Omnia® kann auch einfach auf den Grill oder eine Flamme gestellt werden. Achtet nur auf die richtige Hitze. Wir empfehlen unbedingt den Silikoneinsatz für den Omnia®.

NÜRNBERGER Bacon Pie

»Es ist Zeit, den Omnia® rauszusuchen, es gibt ein großartiges Rezept mit Nürnberger Bratwürsten und Bacon. Das kann nur gut werden.«

ZUTATEN

3 helle Brötchen
12 Scheiben Bacon
3 EL Sonnenblumenöl
12 Nürnberger Bratwürste
12 Kirschtomaten
10 Eier (Größe M)
12 EL Milch
je 1 TL Salz, Pfeffer und edelsüßes Paprikapulver

AUSSERDEM
Omnia® (Camping-Backofen)

6 PERSONEN

SO GEHT'S

Brötchen in 7 × 7 cm große Stücke schneiden und in einer Pfanne ohne Fett goldbraun rösten. Den Bacon dritteln und mit Öl und den Würstchen zusammen anbraten.

Die Tomaten waschen. Die Eier mit Milch, Salz, Pfeffer und Paprikapulver vermischen. Die Brötchen in den Omnia® geben, Würstchen und Bacon darauflegen. Die Eier-Milch-Mischung darübergeben und die Tomaten obendrauf verteilen.

Den Omnia® schließen und bei 200 °C für ca. 15 Minuten in den geschlossenen Grill geben, bis das Ei gestockt ist.

Tipp

Wir empfehlen für den Omnia® und dieses Gericht die Silikoneinlage.

GEMÜSE-Auflauf

»Grillgemüse muss nicht nur Beilage sein, nein. So ein leckeres Grillgemüse darf auch mal der Hauptdarsteller sein!«

ZUTATEN

4 Zwiebeln
2 Maiskolben
10 Champignons
je 1 gelbe und rote Paprika
2 Zucchini
2 Auberginen
125 g Pimientos de Padrón
10 Kirschtomaten
je ¼ Bund Thymian und Petersilie
1 Zweig Rosmarin
2 Knoblauchzehen
4 EL Senf
8 EL Olivenöl
2 EL Honig
2 EL Aceto balsamico
2 EL Zitronensaft
Salz, Pfeffer, Zucker
1 Feta (ca. 150 g)

4 PERSONEN

SO GEHT'S

Für das Gemüse die Zwiebeln schälen und Ringe schneiden. Maiskolben waschen und in ca. 3 cm dicke Ringe schneiden, Champignons putzen, Paprika halbieren, putzen und waschen. Zucchini und Aubergine waschen und putzen. Pimientos und Tomaten waschen. Gemüse in gleich große Teile schneiden (3 × 3 cm) und zusammen mit den anderen Zutaten in eine Auflaufform geben.

Für die Marinade die Kräuter waschen, bei Thymian und Rosmarin die Blätter bzw. Nadeln abzupfen und die Kräuter hacken. Knoblauch schälen und ebenfalls hacken. Knoblauch, Kräuter, Senf, Öl, Honig, Essig, Zitronensaft und Gewürze vermischen und über das Gemüse geben. Das Gemüse gut mit der Marinade vermengen und für 4 Stunden ziehen lassen, dabei gelegentlich umrühren.

Die Auflaufform auf den Grill geben und bei ca. 200 °C für ca. 1 Stunde garen. Das Gemüse mit der Gabel anstechen, und wenn es fast gar ist, den Feta darüber zerbröseln und für 15 Minuten mitgrillen.

Fertig ist ein wunderbares Grillgemüse!

MEDITERRANE *Paella*

»In Deutschland durch die kostspieligen Zutaten kein Schnäppchen, am Mittelmeer allerdings ein günstiger Genuss!«

ZUTATEN

500 g Paella-Reis
Olivenöl
600 g Dorade
500 g Gambas
500 g Garnelen
40 Miesmuscheln
4 Jakobsmuscheln
2 TL Currypulver
1 l Bio-Brühe
2 rote Spitzpaprika
½ Bund frische Petersilie
400 g Kirschtomaten
Salz, Pfeffer

AUSSERDEM
Cadac®-Grill mit Paella-Pfanne

4 PERSONEN

SO GEHT'S

Paella-Pfanne auf den Grill setzen und Reis mit etwas Olivenöl hineingeben. 5 Minuten anbraten, gelegentlich umrühren. Fisch putzen und filetieren, Gambas schälen und entdarmen. Die Barthaare an den Muscheln entfernen und mit einer groben Bürste putzen. Geöffnete und beschädigte Muscheln entsorgen. Reis mit Curry würzen und umrühren.

Jetzt die Miesmuscheln hochkant in den Reis stellen, die Brühe hinzugeben, den Deckel auf die Pfanne legen und warten, bis die Muscheln sich öffnen. Die Paprika halbieren, putzen, waschen und in kleine Stücke schneiden. Die Petersilie waschen, trocken schütteln und klein hacken. Die Tomaten waschen.

Die Paella mit Salz und Pfeffer abschmecken. Paprika, Petersilie und Tomaten auf dem Reis verteilen und so lange mitgaren, bis die Flüssigkeit fast vollständig verkocht ist. Fisch, Gambas und Garnelen daraufgeben und ca. 30 Minuten garen. Bei Bedarf noch bis zu 1 l Wasser dazugeben, damit unten nichts anbrennt.

Für Suppen- & Salatschüssel

CURRYWURST-Suppe

»Jeder kennt es: Man grillt, und es bleibt was über. Wenn euch das mit Bratwurst passiert, dann habe ich eine tolle Suppe für euch!«

ZUTATEN

1 Zwiebel
2 EL Öl
4 Bratwürste
800 g passierte Tomaten (Dose)
500 ml Gemüsebrühe
4 EL Ketchup
1 EL Zucker
1 EL Currypulver
Salz, 1 TL Pfeffer
2 EL Schmand
1 Tüte Kartoffel-Chips-Sticks (Fertigprodukt)

4 PERSONEN

SO GEHT'S

Die Zwiebel schälen, würfeln und in dem Öl in einem Topf anbraten, bis sie glasig ist. Die Bratwürste in Stücke schneiden und zu den Zwiebeln geben. Tomaten, Brühe, Ketchup, Zucker und Currypulver hinzugeben und für 30 Minuten köcheln lassen. Die Suppe mit 1 TL Salz und Pfeffer abschmecken. Durch die vielen Tomaten kann es zu einer höheren Säure kommen, hier gegebenenfalls einfach etwas nachzuckern.

Mit Schmand und Kartoffelsticks garnieren und genießen. Selbst Kinder, die keine Suppe mögen, nehmen hier gerne Nachschlag.

SOUPS
Frikadelki

»Es regnet den ganzen Tag – was tut da besser als eine schöne, heiße Suppe? Wenn diese dann noch in 30 Minuten auf dem Tisch steht, ist die Freude groß.«

ZUTATEN

Salz
3 Zwiebeln
400 g Kartoffeln
400 g Hackfleisch
Pfeffer
3 Möhren
2 EL Öl
300 g Suppennudeln
½ Bund Dill

8 PERSONEN

SO GEHT'S

3 l Salzwasser in einem Topf aufkochen. 1 Zwiebel schälen und im Ganzen in den Topf geben. Kartoffeln schälen, waschen, in Würfel schneiden und ins Wasser geben. 1 weitere Zwiebel schälen, fein hacken, mit dem Hackfleisch in eine Schüssel geben und mit Salz und Pfeffer würzen. Das Hack für mindestens 5 Minuten mit den Händen kneten. Kleine Bällchen formen und in die Suppe geben.

Möhren schälen und in feine Streifen schneiden, am besten mit einer Reibe grob reiben. Die verbleibende Zwiebel schälen und in Streifen schneiden. Zwiebel- und Möhrenstreifen mit dem Öl in einer Pfanne anbraten und im Anschluss in die Suppe geben.

In einem separaten Topf die Nudeln in Salzwasser gar kochen. Die Nudeln abgießen, in eine Suppenschüssel geben, die Suppe daraufgeben. Dill waschen, trocken schütteln, fein hacken und über die Suppe geben.

MORLAS Bohnensuppe

»Morla? Wer ist denn Morla? Sie ist die liebe Mutter meines Freundes Maikel. Wir arbeiten seit über 10 Jahren zusammen. Auf keiner Party darf ihre Suppe fehlen!«

ZUTATEN

je 1 rote, grüne und gelbe Paprika

Salz, Pfeffer

3 EL Butter

2 Dosen Kidneybohnen (à 250 g)

1 l Gemüsebrühe

2 Flaschen Chili-Grillsauce (Fertigprodukt)

200 g Crème fraîche

400 g Sahne

500 g Schweinefilet

8 PERSONEN

SO GEHT'S

Paprika halbieren, putzen, waschen und in Würfel schneiden. Mit Salz und Pfeffer würzen und mit 1 EL Butter kurz im Topf anbraten. Bohnen abtropfen lassen und dazugeben. Zusammen mit der Paprika sollen die Bohnen etwas einköcheln, dabei sollen sie aber noch bissfest bleiben. Die Bohnen-Paprika-Mischung mit der Gemüsebrühe ablöschen und Chilisauce, Crème fraîche und Sahne hinzugeben.

Das Schweinefilet in ca. 2 × 2 cm große Streifen schneiden und in einer Pfanne mit der restlichen Butter (2 EL) anbraten. Das Filet mit der heißen Butter in die Suppe geben und diese noch 5 Minuten weiter kochen.

So schnell ist eine leckere, deftige Suppe zubereitet!

FRISCHE Fischsuppe

»Eine frische Fischsuppe ist nicht nur lecker, sondern auch wohltuend. Und da wir davon ausgehen, dass der ein oder andere Angler unter den Besitzern dieses Buches ist: Dieses Rezept ist für euch.«

ZUTATEN

1 kg Fischfilet (z. B. Forelle, Hecht oder Karpfen)
1 Bund Suppengrün
1 Zwiebel
3 EL Butter
200 ml trockener Weißwein
500 ml Fischfond
400 ml Gemüsebrühe
2 Bio-Eigelb (Größe M)
200 g Sahne
Salz, Pfeffer
1 EL gehackte Petersilie
Saft von ½ Zitrone

8 PERSONEN

SO GEHT'S

Das Fischfilet in ca. 3 × 3 cm große Stücke schneiden. Das Suppengrün und die Zwiebel schälen und in Würfel schneiden. Den Lauch aus dem Suppengrün längs vierteln, gut waschen und in Streifen schneiden.

Die Butter im Topf erhitzen und das Gemüse darin glasig andünsten. Mit Weißwein ablöschen und weitere 5 Minuten köcheln lassen, sodass der Alkohol verkocht. Fischfond und Gemüsebrühe dazugeben und alles aufkochen. Jetzt die Temperatur runterregeln, sodass die Suppe nur noch ganz leicht köchelt. Fischfilets hinzugeben und bei kleiner Flamme 15 Minuten köcheln lassen. Die Eigelbe mit der Sahne vermengen und in die Suppe geben, die zu diesem Zeitpunkt nicht mehr kochen darf. Die Suppe mit Salz, Pfeffer und Zitronensaft abschmecken. Die Petersilie waschen, trocken schütteln und über die fertige Suppe streuen.

SCHNELLER Erbsensalat

»Ein Rezept, das fast nur aus Dosengemüse besteht. Wir haben lange überlegt, ob wir es in das Buch mit aufnehmen sollen – aber es ist megaschnell gemacht und superlecker.«

ZUTATEN

½ rote Zwiebel

je 1 große Dose Erbsen und Möhren (530 g)

1 kleine Dose Mais (150 g)

1 kleine Dose Mini-Champignons (115 g)

3 EL Sonnenblumenöl

Salz, Pfeffer

4 PERSONEN

SO GEHT'S

Zwiebel schälen und in sehr feine Würfel schneiden. Die Flüssigkeit der verschiedenen Dosen komplett abtropfen lassen.

Champignons halbieren, Möhren klein schneiden. Zwiebel, Erbsen, Mais, Champignons und Möhren vermengen, Öl hinzugeben und mit Salz und Pfeffer kräftig abschmecken.

IKEA

RUSSISCHER KARTOFFEL-*Salat*

»Kartoffelsalat-Rezepte gibt es im Netz sicher über 4,5 Millionen Mal. Wir essen ihn am liebsten nach dem Rezept meiner Schwiegermutter, welches seit Generationen geheim gehalten wird – bis jetzt ...«

ZUTATEN

1 TL Mayonnaise

200 g Schmand

4 vorwiegend fest-kochende Kartoffeln

4 Eier (Größe M)

1 kleine Dose Erbsen (140 g)

2 Gewürzgurken

100 g Fleischwurst

½ Zwiebel

1 Stängel Petersilie

Salz, Pfeffer

6 PERSONEN

SO GEHT'S

Für das Dressing Mayonnaise und Schmand in eine Schüssel geben und vermischen.

Die Kartoffeln mit Schale kochen und pellen. Eier hart kochen (ca. 10 Minuten). Erbsen abgießen, die Gurken und die Fleischwurst in kleine Würfel schneiden. Die Zwiebel schälen und klein schneiden. Die Petersilie waschen, trocken schütteln und ebenfalls klein hacken.

Alle Zutaten miteinander vermengen, mit Salz und Pfeffer abschmecken und direkt servieren.

Tipp

Wir mögen ihn am liebsten, wenn er 1 Stunde gezogen ist.

YUMMY NUDEL-Salat

»Ein Salat auf dem Campingplatz darf gerne schnell gehen und trotzdem etwas Besonderes sein!«

ZUTATEN

1 großer Chinakohl
1 Pck. Instant-Nudelsuppe mit Huhn
Salz, ½ TL Pfeffer
80 ml Sonnenblumenöl
1 ½ TL Zucker
2 TL Kräuteressig
80 g Körnermischung (nach Belieben)

4 PERSONEN

SO GEHT'S

Den Chinakohl waschen, halbieren und in dünne Scheiben schneiden. Die Instant-Nudeln in der Verpackung zerbröseln. Die Kräutermischung aus der Verpackung nehmen und zusammen mit etwas Salz, Pfeffer, Öl, Zucker und Kräuteressig vermengen. Die Mischung so lange stehen lassen, bis der Zucker sich aufgelöst hat. In der Zwischenzeit die Körner in einer Pfanne ohne Fett rundum anrösten.

Den Chinakohl mit den Nudeln vermengen und das Dressing unterrühren. Die Körner werden in einer separaten Schüssel gereicht, sodass sich jeder bedienen kann.

TOMATEN Traum

»Wir lieben den Sommer, denn er schenkt uns neben der Sonne auch immer leckere frische Gurken und Tomaten. Den Tomaten haben wir dieses Rezept gewidmet.«

ZUTATEN

4 große Tomaten
½ Zwiebel
3 Frühlingszwiebeln
½ Bund Dill
100 g Schmand
Salz, Pfeffer

4 PERSONEN

SO GEHT'S

Die Tomaten waschen, in ca. 3 cm große Würfel schneiden, dabei den Strunk entfernen. Die Zwiebel schälen und in Würfel schneiden. Die Frühlingszwiebeln waschen, den grünen Teil in Ringe schneiden, den weißen anderweitig verwenden. Den Dill waschen, trocken schütteln und hacken.

Alle Zutaten miteinander vermengen, der Schmand bildet das „Dressing". Mit Salz und Pfeffer abschmecken und genießen.

Tipp

Dieser Salat ist herrlich frisch. Wer mag, kann noch frische Gurken dazugeben oder das Ganze mit Mozzarella verfeinern.

SOMMER *Salat*

»Dieser einfache Salat begleitet mich (Heiko) schon ein Leben lang, bei meinen Großeltern war er zum Grillen Pflicht. Also musste er in das Buch! Danke Oma und Opa für diese tolle Erinnerung, die mich für immer begleiten wird.«

ZUTATEN

1 Eisbergsalat
100 g Sahne
100 g Schmand
Saft von ½ Zitrone
Salz, Pfeffer, Zucker

4 PERSONEN

SO GEHT'S

Eisbergsalat putzen, in Stücke zupfen und waschen. Die Sahne mit Schmand und Zitronensaft verrühren, mit Salz, Pfeffer und Zucker abschmecken. Der Zucker soll hier überwiegen.

Das Dressing mit dem Salat vermengen. Sollte der Salatkopf zu groß für die Menge an Dressing gewesen sein, mehr Sahne und Schmand dazugeben und erneut mit Salz, Pfeffer und Zucker abschmecken.

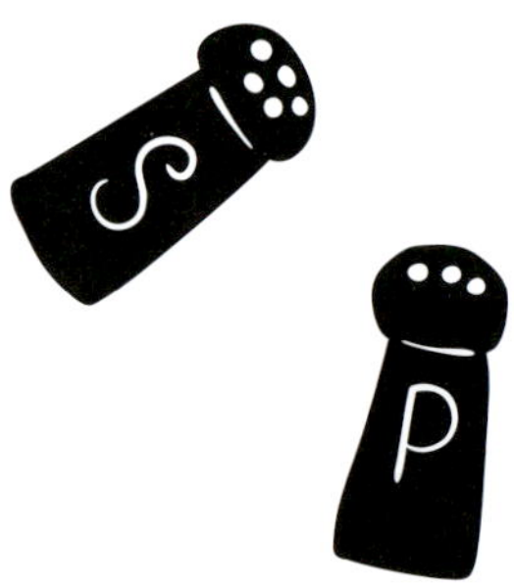

Tipp

Der Salat beinhaltet zwar Sahne und Schmand, aber schmeckt richtig frisch und leicht. An heißen Tagen ist er ein Traum.

Mangosalat MIT BÜFFELMOZZARELLA

»Diesen Salat durften wir bei Josi von @Your_little_miss_Sunshine probieren und er hat uns komplett von den Socken gehauen. Also rein damit ins Kochbuch.«

ZUTATEN

2 reife Mangos
1 Avocado
250 g Büffelmozzarella
100 g Pinienkerne
4 EL Olivenöl
2 EL Honig
2 EL Zitronensaft
Salz, Pfeffer

4 PERSONEN

SO GEHT'S

Die Mangos entsteinen, schälen und in Scheiben schneiden. Die Avocado halbieren, den Stein entfernen, das Fruchtfleisch aus der Schale lösen und in Scheiben schneiden. Mozzarella ebenfalls in Scheiben schneiden.

Die Pinienkerne in eine Pfanne geben und ohne Öl anrösten, dann auskühlen lassen.

Das Olivenöl mit Honig, Zitronensaft und Salz und Pfeffer abschmecken. Lasst euch nicht abschrecken: Das Dressing allein schmeckt nicht besonders lecker, aber mit den anderen Zutaten wird es der Knaller!

Mango, Mozzarella und Avocado abwechselnd kreisförmig auf einen Servierteller legen und das Dressing darübergeben. Mit den Pinienkernen bestreuen und genießen.

GLASNUDEL-Salat (FUNCHOSA)

»Dieser russische Salat wird eigentlich mit Hähnchen gemacht, wir finden ihn dann aber etwas ›schlapp‹. Daher hier die spannendere Alternative.«

ZUTATEN

500 g Hackfleisch
2 rote Paprika
2 Zwiebeln
3 Möhren
1 Pck. Glasnudeln (100 g)
4 EL Sojasauce
2 EL Sonnenblumenöl
Salz, Pfeffer

4 PERSONEN

SO GEHT'S

Hackfleisch in einer Pfanne anbraten. Paprika putzen, halbieren und waschen, Zwiebeln und Möhren schälen, alles in Streifen schneiden und zum Hackfleisch geben. Die Glasnudeln in der Tüte klein brechen, in eine Schüssel geben und mit heißem Wasser bedecken, bis sie gar sind. Wasser abgießen und die Nudeln mit den restlichen Zutaten vermengen. Mit Salz und Pfeffer abschmecken. Der Salat kann direkt warm oder aber kalt gegessen werden.

Tipp

Wir essen ihn gerne kalt als Beilage zu Gegrilltem.

5-MINUTEN-Kimchi

»In nur 5 Minuten leckeren Kimchi zaubern? Topp, die Wette gilt!«

ZUTATEN

1 kg Chinakohl
1 Zwiebel
5 Knoblauchzehen
1 Bund Schnittlauch
3 TL edelsüßes Paprikapulver
3 TL Öl
3 TL Sojasauce
2 TL Essig
2 TL Zucker
½ TL Chilipulver

6 PERSONEN

SO GEHT'S

Den Strunk vom Chinakohl entfernen, den Rest des Kohls in große Stücke schneiden (ca. 10 × 10 cm) und waschen.

Zwiebel und Knoblauch schälen und in Streifen schneiden. Schnittlauch waschen, trocken schütteln und in Röllchen schneiden. Alle Gewürze und Flüssigkeiten mit 75 ml Wasser vermischen, der Zucker muss sich beim Vermengen auflösen. Das Dressing unter den Salat heben. Dabei nicht zu stark drücken, damit der Kohl nicht zerdrückt wird.

EINGELEGTE *Gurken*

»Leckere eingelegte Gurken schon nach ein paar Stunden essen wollen? Kein Problem!«

ZUTATEN

½ Bund Dill
1 Lorbeerblatt
¼ Bund Petersilie
3 Knoblauchzehen
8 frische Einlegegurken
Salz, Pfeffer

AUSSERDEM
Einmachglas
(1 l Fassungsvermögen)

4 PERSONEN

SO GEHT'S

Das Glas auskochen, sodass es steril ist.

Dill, Loorbeerblatt und Petersilie waschen und trocken schütteln. 1 Knoblauchzehe schälen und in Scheiben schneiden. Die Hälfte des Dills auf den Boden des Glases legen, darauf Lorbeerblatt und Petersilie sowie die Knoblauchscheiben geben. Die Gurken waschen, vierteln und in das Glas geben.

Das Glas nun mit Wasser füllen, das Wasser anschließend direkt vorsichtig in ein Behältnis gießen. 1 gestrichenen TL Salz hineingeben und so lange verrühren, bis sich das Salz komplett aufgelöst hat. Auf die Gurken den restlichen Dill, 2 in Scheiben geschnittene Knoblauchzehen und ¼ TL Pfeffer geben. Das Salzwasser nun vorsichtig in das Glas geben und dieses verschließen. Das Ganze für ca. 4 Stunden bei Raumtemperatur ziehen lassen und danach genießen.

Tipp

Die Gurken halten sich gekühlt mindestens 3 Wochen.

EINGELEGTE Tomaten

»Normalerweise legt man Tomaten über Tage hinweg ein. Wir haben hier allerdings etwas für euch, womit man nach 2 Stunden schon sehr leckere eingelegte Tomaten genießen kann!«

ZUTATEN

3 Stängel Basilikum
1 EL Honig
1 EL Zitronensaft
3 EL Olivenöl
½ TL edelsüßes Paprikapulver
Salz, Pfeffer
400 g Tomaten
1 rote Zwiebel
3 Knoblauchzehen
¼ Bund Petersilie

4 PERSONEN

SO GEHT'S

Basilikum waschen, trocken schütteln, die Blätter abzupfen und hacken. Für die Marinade Honig, Zitronensaft, Öl, Paprikapulver, Salz, Pfeffer und Basilikum miteinander vermengen.

Die Tomaten waschen und in 0,5 cm dünne Scheiben schneiden. Die Zwiebel schälen und in Ringe schneiden. Den Knoblauch schälen und in ganz feine Stücke schneiden. Die Petersilie waschen, trocken schütteln und grob hacken.

Nun werden die Tomaten in eine Auflaufform geschichtet. Die erste Schicht bilden Tomaten, darauf die Zwiebeln geben, auf diese dann Knoblauch und die Petersilie. So weiterverfahren und zum Schluss die Marinade daraufgeben. Die Form abdecken und die Tomaten für 2–3 Stunden im Kühlschrank ziehen lassen.

Perfekte Begleiter

DER EINFACHSTE Knoblauch-Dip DER WELT

»Ihr liebt Knobi genauso wie wir und sucht einen leckeren Dip, der zu Fleisch, Gemüse oder auch einfach aufs Brot passt? Dann kommt hier das passende Rezept!«

ZUTATEN

10 Knoblauchzehen
300 g Mayonnaise
200 g Crème fraîche
200 g Schmand

10 PERSONEN

SO GEHT'S

Den Knoblauch schälen und so fein wie möglich hacken. Wer mag, kann ihn auch mit einem großen Messer zerdrücken, sodass er zu Brei wird. Alle anderen Zutaten mit dem Knoblauch vermengen und über Nacht ziehen lassen. Der Dip hält sich gekühlt gut eine Woche und hat absolutes Suchtpotential.

SOUR Cream

»Eine gute Sour Cream darf beim Grillen niemals fehlen! Sie ist superschnell und vor allem einfach zubereitet und schmeckt gerade zu einer leckeren Kartoffel vom Grill einfach nur göttlich.«

ZUTATEN

10 g Schnittlauch
150 g Mayonnaise
150 g Crème fraîche
100 g Magerquark
2 TL Zucker
½ TL granulierter Knoblauch
2 TL Weißweinessig
Salz, Pfeffer

4 PERSONEN

SO GEHT'S

Schnittlauch waschen, trocken schütteln, fein hacken und anschließend mit allen anderen Zutaten für mindestens 2–3 Stunden ziehen lassen.

Tipp

Dieses Rezept stammt von Theres und Benni vom Blog „gernekochen". Sie begleiten uns schon seit vielen Jahren und stehen uns immer mit Rat und Tat zur Seite. Danke, ihr beiden!

DREIERLEI KRÄUTER-Butter

»Ein schönes Nackensteak, ein Salat, ein leckeres Baguette. Fehlt eigentlich nur noch eine Sache für ein tolles Rezept: Kräuterbutter! Wir tauschen hier nur wenige Zutaten, um drei verschiedene Versionen zu erhalten.«

JE 4 PERSONEN

ZUTATEN

BASILIKUM-TOMATEN-BUTTER

1 Knoblauchzehe
¼ Bund Petersilie
¼ Bund Thymian
¼ Bund Basilikum
250 g zimmerwarme Butter
100 g Tomatenmark
2 EL Ajvar
je 1 gestr. TL Salz und Peffer
2 EL Limettensaft

KNOBLAUCHBUTTER

½ Zwiebel
4 Knoblauchzehen
4 EL Olivenöl
250 g zimmerwarme Butter
¼ Bund Petersilie
je 1 gestr. TL Salz und Peffer

CURRY-KRÄUTERBUTTER

½ Zwiebel
1 Knoblauchzehe
¼ Bund Petersilie
¼ Bund Thymian
250 g zimmerwarme Butter
1 TL Currypulver

SO GEHT'S

Für die Basilikum-Tomaten-Butter den Knoblauch schälen, die Kräuter waschen, trocken schütteln und zusammen mit dem Knoblauch klein hacken. Beides mit den restlichen Zutaten vermengen. Mit einer Gabel einige Minuten vermischen, damit sich alle Komponenten gut verbinden. Die fertige Butter hält sich mehrere Tage in einer Box mit Deckel.

Für die Knoblauchbutter die Zwiebel und den Knoblauch schälen. Die Zwiebel in kleine Würfel schneiden. Den Knoblauch als ganze Zehe zusammen mit den Zwiebeln und dem Olivenöl für 15 Minuten bei niedriger Temperatur in einem Topf erhitzen. Der Knoblauch soll dabei richtig weich werden. Knoblauch und Zwiebel sollen glasig, nicht braun, werden. Knoblauch-Zwiebel-Gemisch mit einer Gabel zerdrücken und vermengen, abkühlen lassen und die Butter dazugeben. Petersilie waschen, trocken schütteln und klein hacken. Zusammen mit Salz und Pfeffer zur Butter geben und gut vermengen.

Für die Curry-Kräuterbutter Zwiebel und Knoblauch schälen und klein hacken. Petersilie und Thymian waschen, trocken schütteln, die Blätter abzupfen und klein hacken. Alle Zutaten gut miteinander vermengen.

KRÄUTER-*Quark*

»Als Beilage soll es mal keinen Salat geben, sondern gekochte Kartoffeln oder Baguette? Wir haben einen superschnellen Kräuter-Dip für euch, der perfekt dazu passt!«

ZUTATEN

1 kleine Zwiebel

1 TL Sonnenblumenöl

500 g Quark

150 g Joghurt

½ Limette

je ½ Bund Dill, Petersilie, Schnittlauch (alternativ gemischte TK-Kräuter)

2 EL Olivenöl

Salz, Pfeffer

4 PERSONEN

SO GEHT'S

Die Zwiebel schälen und in kleine Würfel schneiden, im Anschluss in einer Pfanne mit dem Sonnenblumenöl glasig anbraten, zum Abkühlen beiseitestellen.

Quark und Joghurt vermengen, den Saft der Limette auspressen und hinzugeben. Dill, Petersilie und Schnittlauch waschen, trocken schütteln und hacken, zu der Quarkmasse geben. Die Zwiebel und das Olivenöl dazugeben, alles gut vermengen. Mit Salz und Pfeffer abschmecken.

CREMIGE *Guacamole*

»Sie darf bei uns bei einem Grillerchen nie fehlen. Und weil sie noch nicht jeder kennt, zeigen wir euch dieses tolle Rezept.«

ZUTATEN

2 reife Avocados
2 Knoblauchzehen
2 Tomaten
Saft von ½ Limette
1 EL Crème fraîche (alternativ Schmand)
Salz, Pfeffer
½ Chilischote (nach Belieben)

4 PERSONEN

SO GEHT'S

Die Avocados in der Mitte teilen, mit einem Löffel den Stein entfernen. Das Fruchtfleisch in eine Schüssel geben und mit einer Gabel zerdrücken. Knoblauch schälen, zusammen mit den Tomaten ganz fein würfeln und zur Avocado geben. Limettensaft, Crème fraîche und Gewürze dazugeben. Die Creme schön verrühren und direkt servieren.

Wer es scharf mag, putzt, wäscht und hackt die Chilischote und rührt sie ebenfalls noch unter.

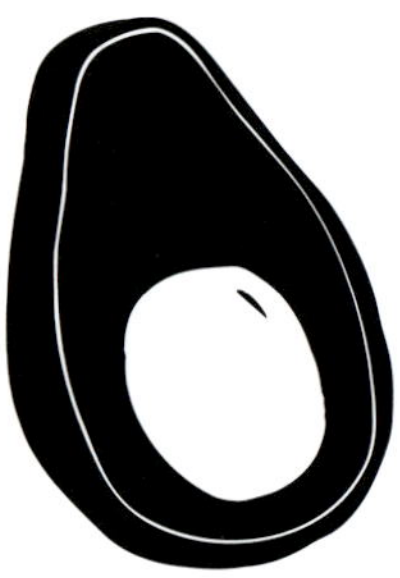

Tipp

Oftmals scheitert dieses Rezept, weil man sich bei den Avocados vergriffen hat. Sie sollten außen weich sein und wenn man den Stielansatz entfernt, muss die Avocado an dieser Stelle grün sein. Dann ist die Chance sehr hoch, dass man eine schöne Avocado erwischt.

FEUGIRE *Salsa*

»Ihr seid beim Nachbarn eingeladen, möchtet etwas mitbringen, wisst aber nicht, was? Wie wäre es mit einer richtig coolen Grillsauce – dieser feurigen Salsa?«

ZUTATEN

1 Zwiebel

2 Knoblauchzehen

2 rote Paprika

50 g schwarze Oliven (ohne Stein)

3–5 Chilischoten (nach Belieben)

2 EL Olivenöl

300 g stückige Tomaten

Saft von ½ Limette

1 TL Senf

Salz, Pfeffer

4 PERSONEN

SO GEHT'S

Zwiebel und Knoblauch schälen, Paprika halbieren, putzen und waschen. Paprika, Oliven und Zwiebeln in kleine Würfel schneiden, Chili waschen, putzen und mit dem Knoblauch kleinstmöglich hacken.

In einer Pfanne Öl erhitzen und die Zwiebel und den Knoblauch für 2 Minuten scharf anbraten. Tomaten, Limettensaft, Senf und 75 ml Wasser in die Pfanne geben und für 15 Minuten köcheln lassen, bis das Wasser größtenteils verdunstet ist. Mit Salz und Pfeffer abschmecken. Die Konsistenz sollte weich, aber stückig sein. Wer das nicht mag, drückt die Masse mit einer Gabel einfach breiig.

DRACHEN-Dip

»Dieses fantastische, einfache Rezept durfte ich einmal von meinem Arbeitskollegen Holger probieren, der immer wieder kleine Leckereien mit zur Arbeit bringt. Also ab damit ins Buch!«

ZUTATEN

4 Knoblauchzehen
400 g Schmand
4 EL Ajvar
4 EL gemischte TK-Kräuter
2 EL Tomatenmark
1 TL Zucker
Salz, Pfeffer

4 PERSONEN

SO GEHT'S

Knoblauch schälen und mit einem Kochmesser auf einem Brett zur Brei zerdrücken. Mit den anderen Zutaten vermengen und mit je 1 TL Salz und Pfeffer abschmecken – fertig!

Tipp

Der Dip hält sich mehrere Tage im Kühlschrank. Weitere Ideen dazu: mit zerkleinerten Chilischoten, zerbröseltem Feta oder Oliven verfeinern – alles superlecker. Wir sehen diesen Dip als Basis, welche ihr nach eurem Geschmack verfeinern könnt.

Dazu & danach

MINZ-Limo

»An einem heißen Tag ist es wichtig, viel zu trinken. Es muss nicht immer ›nur‹ Wasser sein. Ihr mögt Minze? Dann haben wir was für euch!«

ZUTATEN

je 3 Bio-Limetten und Bio-Zitronen

1 Bund Minze

2 l kohlensäurehaltiges Mineralwasser

3 EL Zucker (alternativ Agavendicksaft)

2,5 LITER

SO GEHT'S

Zitronen und Limetten heiß abwaschen. 1 Zitrone und 1 Limette in Scheiben schneiden. Die restlichen Früchte auspressen. Die Minze waschen, trocken schütteln, die Blätter abzupfen und in ein Gefäß mit mindestens 3 l Fassungsvermögen geben. Saft und Fruchtscheiben in das Gefäß geben, mit 2 l Mineralwasser, ½ l Leitungswasser und Zucker verrühren und für 2 Stunden ziehen lassen. Gelegentlich umrühren.

ZITRONEN-Eistee

»Ihr mögt Eistee, aber nicht dieses Pulverzeug? Hier haben wir ein tolles Grundrezept für euch, welches durch den Austausch der Früchte beliebig variiert werden kann.«

ZUTATEN

1 Zitrone (alternativ andere Früchte, nach Belieben)

6 Beutel schwarzer Tee

3 EL Zucker

Eiswürfel

2 LITER

SO GEHT'S

Die Zitrone auf dem Tisch unter der Hand rollen, sodass der Saft im Inneren gepresst wird. Zitrone halbieren und den Zitronensaft in ein Gefäß geben. Die Kerne auffangen und ggf. aus dem Gefäß nehmen.

Teebeutel und Zucker hinzugeben und mit 2 l kochendem Wasser übergießen. Ordentlich verrühren und für 15 Minuten ziehen lassen. Die Teebeutel entnehmen. Teemischung für mehrere Stunden abkühlen und ziehen lassen. Mit Eiswürfeln servieren.

BEEREN-Mojito

»Okay, ein Getränk mit Alkohol muss ins Buch. Wir geben euch ein Basic-Rezept an die Hand, welches durch Austausch der Beeren schier unendlich kombiniert werden kann.«

ZUTATEN

4 Stängel Minze
1 Bio-Limette
300 g Himbeeren (alternativ andere Beeren)
5 cl weißer Rum (alternativ Gin)
8 TL Rohrzucker
9 cl kohlensäurehaltiges Mineralwasser
Eiswürfel

4 PERSONEN

SO GEHT'S

Die Minze waschen, trocken schütteln, die Hälfte auf vier Gläser aufteilen und mit einem Stößel andrücken. Die Limette waschen, halbieren und in Scheiben schneiden. Ein paar Beeren als Deko beiseite legen. Die restliche Minze und die Hälfte der Limetten zusammen mit den Beeren auf die Gläser verteilen und mit dem Stößel zerdrücken. Den Rum und den Zucker hinzugeben und gut verrühren. Die restlichen Beeren und Limetten hinzugeben und mit Mineralwasser und Eiswürfeln auffüllen.

Tipp

Der Drink ist herrlich frisch, aber Achtung: 5 cl Rum oder Gin sind nicht ohne, lieber gemächlich trinken.

GEGRILLTE *Ananas*

»Es muss nicht immer eine Nackensteak oder eine Bratwurst auf dem Grill landen. Also machen wir heute einen schönen Nachtisch.«

ZUTATEN

6 Ananasscheiben (Dose)
1 EL Zucker
250 g Mascarpone
50 g Sahne
2 TL Vanillezucker

6 PERSONEN

SO GEHT'S

Die Ananasscheiben halbieren, mit dem Zucker bestreuen und für 5 Minuten ziehen lassen.

In der Zwischenzeit den Mascarpone mit der Sahne und dem Vanillezucker verrühren. Den Grill auf höchste Temperatur erhitzen und die Ananasscheiben von beiden Seiten je 5 Minuten angrillen. Die Ananas zwischendurch um 90 °C drehen. Mit der Mascarpone auf Tellern anrichten und genießen!

SAHNE-
Früchtchen

»Ein paar frische Früchte und wenige andere Zutaten zaubern einen tollen Nachtisch. Der geht so schnell, dass man ihn sogar nach dem Essen noch schnell zubereiten kann.«

ZUTATEN

200 g Sahne
3 EL Zucker
1 Pck. Vanillezucker
500 g Quark
200 g (TK-)Früchte nach Wahl (z. B. Beeren)

4 PERSONEN

SO GEHT'S

Sahne mit Zucker und Vanillezucker steif schlagen und vorsichtig unter den Quark mischen. Früchte nach Wahl dazugeben, genießen.

Das war schnell, oder?

SÜSSE Grillpakete

»Ein kleines Paket voll mit Glück, das gibt es als schnellen Nachtisch vom Grill.«

ZUTATEN

2 Bananen
1 Orange
2 kleine Äpfel
2 Pfirsiche
150 g Vollmilch-schokolade
2 TL Müsli (nach Belieben)
50 g Nüsse (nach Belieben)

AUSSERDEM
1 Bogen Backpapier

4 PERSONEN

SO GEHT'S

Bananen und Orange schälen, Äpfel schälen, vierteln und vom Kerngehäuse befreien. Pfirsich waschen und entkernen. Das gesamte Obst in kleine Würfel schneiden. Die Schokolade in kleine Stücke brechen.

Den Backpapierbogen in 4 Stücke teilen, die Früchte daraufgeben, Müsli, Nüsse und Schokolade darauf verteilen und aus dem Backpapier kleine Säckchen formen.

Die Päckchen auf die indirekte Seite des Grills legen. Sollte man diese Möglichkeit nicht haben, die Päckchen in eine Aluschale legen. Nach ca. 15 Minuten bei mittlerer Hitze ist der Nachtisch fertig.

Tipp

Man kann auch mit Honig verfeinern oder Zimt als kleiner Gewürz-Kick dazugeben.

LE CREUSET

WEISSER SCHOKO-Traum

»Dieses Dessert stammt ebenfalls von unseren Bekannten von ›gernekochen‹ und macht alle Schokoliebhaber glücklich. In 15 Minuten ist alles fertig und muss dann nur noch gekühlt werden – einfacher geht es nicht.«

ZUTATEN

100 g weiße Schokolade
500 ml Milch
125 g Crème double
50 g Speisestärke
1 TL Zucker
1 Pck. Vanillezucker
Früchte nach Wahl

4 PERSONEN

SO GEHT'S

Einen kleinen Teil der Schokolade raspeln und zum Verzieren kaltstellen. Den Rest mit einem Messer fein hacken. Milch, Crème double, Speisestärke, Zucker und Vanillezucker in einem Topf aufkochen und anschließend unter Rühren für 2–3 Minuten köcheln lassen. Nun die gehackte Schokolade unterrühren, das Ganze auf 3–4 Gläser verteilen (Gesamtmenge ca. 600 ml) und für ca. 1 Stunde kaltstellen. Danach mit der geriebenen Schokolade und, wenn gewünscht, Früchten verzieren.

Tipp

Wer statt des Vanillezuckers 2 TL Zucker und etwas frisch gemahlene Tonkabohne verwendet, hat direkt ein großartiges Dessert zu Weihnachten.

WEINTRAUBEN-*Dessert*

»Dieses Dessert kennt sicher schon der ein oder andere. Für uns darf es auf keinen Fall fehlen.«

ZUTATEN

250 g Sahne

250 g Quark

250 g Mascarpone

100 g Zucker

1 Pck. Vanillezucker

1 Pck. American Cookies (Fertigprodukt, ca. 225 g)

1 kg kernlose Weintrauben

6 PERSONEN

SO GEHT'S

Die Sahne steif schlagen und mit Quark, Mascarpone, Zucker und Vanillezucker verrühren. Die Cookies zerbröseln.

Die Weintrauben waschen, halbieren, die Hälfte der Weintrauben in eine Schüssel geben und die Hälfte der Creme darüber geben. Auf diese Schicht eine Schicht mit den zerbröselten Cookies geben. Diesen Vorgang wiederholen, sodass ganz oben eine Schicht Cookie-Krümel liegt. Das Dessert für ca. 2 Stunden in den Kühlschrank geben und genießen.

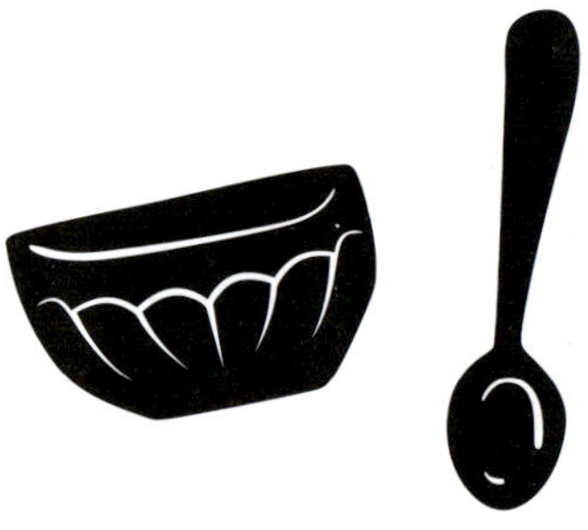

REGISTER

A

Ajvar
Basilikum-Tomaten-Butter 142
Drachen-Dip 150
Ananas
Gegrillte Ananas 160
Äpfel
Süße Grillpakete 164
Auberginen
Gemüseauflauf 102
Gemüse-Spieße 60
Avocado
Cremige Guacamole 146
Mangosalat mit Büffel-Mozzarella 126
Rindersteak-Sandwich 72

B

Babybel®
Bacon Bomb 30
Bacon
Bacon Bomb 30
Cheese-Burger 66
Deftige BBQ-Frikadellen 26
Nürnberger Bacon Pie 100
Schichtfleisch aus dem Dutch Oven 96
Bananen
Süße Grillpakete 164
BBQ-Sauce
Cheese-Burger 66
Bier
Bier-Schaschlik 50
Grilled Beer Brats 28
Blumenkohl
Blumenkohl-Steaks 40
Bohnen
Nachos aus dem Omnia® 88
Bratwürste
Bratwurst-Gulasch 98
Currywurst-Suppe 108
Grilled Beer Brats 28
Nürnberger Bacon Pie 100
Quesadillas mit Bratwurst 76
Überbackenes Wurst-Baguette 74
Brioche-Buns
Cheese-Burger 66
Brötchen
Nürnberger Bacon Pie 100
Schichtfleisch aus dem Dutch Oven 96
Zwiebelfleisch nach Kirmes-Art 94

C

Champignons
Gefüllte Champignons mit Frischkäse 42
Gemüseauflauf 102
Schneller Erbsensalat 116
Cheddar
Cheese-Burger 66
Knoblauch-Käse-Brot 84
Nachos aus dem Omnia® 88
Überbackenes Wurst-Baguette 74
Chili-Grillsauce
Morlas Bohnensuppe 112
Schichtfleisch aus dem Dutch Oven 96
Chilisauce
Chicken-Burger 70
Chilischoten
Adana-Kebab 52
Dreierlei eingelegte Nackensteaks 22
Feurige Salsa 148
Gambas al Ajillo 36
Rindersteak mit Salsa 20
Teriyaki-Hähnchen 32
Chinakohl
5-Minuten-Kimchi 130
Yummy Nudelsalat 120

D

Dill
Hähnchen-Schaschlik Russischer Art 56
Soups Frikadelki 110
Dorade
Mediterrane Paella 104

E

Emmentaler
Gefüllte Champignons mit Frischkäse 42
Nachos aus dem Omnia® 88
Erbsen
Russischer Kartoffelsalat 118
Schneller Erbsensalat 116

F

Feta
Gefüllte Paprika mit Feta 44
Gegrillte Hackstullen 78
Gemüseauflauf 102
Gemüse-Spieße 60
Fischfilet
Fisch-Burger 68
Frische Fischsuppe 114
Fleischwurst
Russischer Kartoffelsalat 118

Forelle
Ganze Forelle 38
Frischkäse
Gefüllte Champignons mit Frischkäse 42

G

Gambas
Fisch-Burger 68
Mediterrane Paella 104
Garnelen
Gambas al Ajillo 36
Mediterrane Paella 104
Glasnudeln
Glasnudelsalat (Funchosa) 128
Gouda
Überbackenes Wurst-Baguette 74
Gurken
Eingelegte Gurken 132

H

Hackfleisch
Adana-Kebab 52
Bacon Bomb 30
Cheese-Burger 66
Chili con Carne 90
Deftige BBQ-Frikadellen 26
Glasnudelsalat (Funchosa) 128
Nachos aus dem Omnia® 88
Soups Frikadelki 110
Hähnchenbrustfilet
Chicken-Burger 70
Hähnchen-Schaschlik Russischer Art 56
Hähnchen-Tacos 64
Teriyaki-Hähnchen 32
Hähnchenkeulen
Hähnchenschenkel auf Kartoffelbett 34
Himbeeren
Beeren-Mojito 158
Honig
Chicken-Burger 70
Gemüseauflauf 102
Gemüse-Spieße 60
Mangosalat mit Büffel-mozzarella 126
Teriyaki-Hähnchen 32
Honigmelone
Gemüse-Spieße 60

I

Ingwer
Teriyaki-Hähnchen 32

K

Kartoffeln
Hähnchenschenkel auf Kartoffelbett 34
Russischer Kartoffelsalat 118
Soups Frikadelki 110
Käse
Quesadillas mit Bratwurst 76
Kefir
Hähnchen-Schaschlik Russischer Art 56
Ketchup
Chicken-Burger 70
Currywurst-Suppe 108
Kidneybohnen
Chili con Carne 90
Morlas Bohnensuppe 112
Kiwi
Dreierlei eingelegte Nackensteaks 22
Hähnchen-Schaschlik Russischer Art 56
Knoblauch
5-Minuten-Kimchi 130
Der einfachste Knoblauch-Dip der Welt 138
Knoblauchsauce
Fisch-Burger 68
Kräuter-Baguette
Überbackenes Wurst-Baguette 74

L

Lachs
Lachs-Spieße 58
Limetten
Rinderfiletspieße 54
Beeren-Mojito 158
Minz-Limo 154
Lorbeerblätter
Zwiebelfleisch nach Kirmes-Art 94

M

Mais
Chili con Carne 90
Gemüseauflauf 102
Nachos aus dem Omnia® 88
Schneller Erbsensalat 116
Mango
Mangosalat mit Büffel-Mozzarella 126
Mascarpone
Gegrillte Ananas 160
Weintrauben-Dessert 168
Mayonnaise
Chicken-Burger 70
Der einfachste Knoblauch-Dip der Welt 138
Dreierlei eingelegte Nackensteaks 22
Hähnchen-Schaschlik Russischer Art 56
Sour Cream 140
Mett
Gegrillte Hackstullen 78
Minze
Beeren-Mojito 158
Minz-Limo 154
Möhren
Deftige BBQ-Frikadellen 26
Glasnudelsalat (Funchosa) 128
Gulasch aus dem Dutch Oven 92
Hähnchenschenkel auf Kartoffelbett 34

Schneller Erbsensalat 116
Soups Frikadelki 110
Mozzarella, Büffel-
Mangosalat mit Büffel-Mozzarella 126
Muscheln
Mediterrane Paella 104

N

Nackensteak
Bier-Schaschlik 50
Dreierlei eingelegte Nackensteaks 22
Zwiebelfleisch nach Kirmes-Art 94
Nudelsuppe, Instant-
Yummy Nudelsalat 120

O

Oliven
Feurige Salsa 148
Gefüllte Paprika mit Feta 44
Orangen
Süße Grillpakete 164

P

Paprika
Bacon Bomb 30
Bratwurst-Gulasch 98
Chicken-Burger 70
Feurige Salsa 148
Gefüllte Paprika mit Feta 44
Gemüseauflauf 102
Gemüse-Spieße 60
Glasnudelsalat (Funchosa) 128
Grilled Beer Brats 28
Gulasch aus dem Dutch Oven 92
Lachs-Spieße 58
Mediterrane Paella 104
Mediterranes Brot 82
Morlas Bohnensuppe 112
Ribeye-Steak mit Chimichurri 24
Rindersteak mit Salsa 20
Rindersteak-Sandwich 72
Paprika-Grillsauce
Schichtfleisch aus dem Dutch Oven 96
Petersilie
Adana-Kebab 52
Deftige BBQ-Frikadellen 26
Hähnchen-Schaschlik Russischer Art 56
Knoblauch-Käse-Brot 84
Ribeye-Steak mit Chimichurri 24
Yakudra-Schaschlik 51
Pfirsiche
Süße Grillpakete 164
Pimientos de Padrón
Gemüseauflauf 102
Pinienkerne
Mangosalat mit Büffel-mozzarella 126

R

Reis
Gefüllte Paprika mit Feta 44
Remoulade
Hähnchen-Schaschlik Russischer Art 56
Ribeye-Steak
Ribeye-Steaks mit Chimichurri 24
Rinderfilet
Rinderfilet-Spieße 54
Rindergulasch
Gulasch aus dem Dutch Oven 92
Rotwein
Gulasch aus dem Dutch Oven 92
Rucola
Fisch-Burger 68
Rumpsteak
Rindersteak mit Salsa 20
Rindersteak-Sandwich 72

S

Salami
Pizza aus dem Omnia® 80
Salat
Cheese-Burger 66
Chicken-Burger 70
Sommersalat 124
Schaschliksauce
Bratwurst-Gulasch 98
Schnittlauch
5-Minuten-Kimchi 130
Schokolade
Süße Grillpakete 164
Weißer Schoko-Traum 166
Schweinefilet
Morlas Bohnensuppe 112
Schweinegulasch
Gulasch aus dem Dutch Oven 92
Schweinenacken
Russisches Schaschlik-Schwein 49
Schichtfleisch aus dem Dutch Oven 96
Yakudra-Schaschlik 51
Sellerie
Gulasch aus dem Dutch Oven 92
Hähnchenschenkel auf Kartoffelbett 34
Sojasauce
5-Minuten-Kimchi 130
Glasnudelsalat (Funchosa) 128
Teriyaki-Hähnchen 32
Suppengrün
Frische Fischsuppe 114
Teriyaki-Hähnchen 32

T

Taco Shells
Hähnchen-Tacos 64
Teriyaki-Sauce
Lachs-Spieße 58

Rinderfilet-Spieße 54
Yakudra-Schaschlik 51
Tomaten
Chicken-Burger 70
Chili con Carne 90
Cremige Guacamole 146
Currywurst-Suppe 108
Eingelegte Tomaten 134
Feurige Salsa 148
Fisch-Burger 68
Gambas al Ajillo 36
Gefüllte Paprika mit Feta 44
Gemüseauflauf 102
Mediterranes Brot 82
Mediterrane Paella 104
Nachos aus dem Omnia® 88
Nürnberger Bacon Pie 100
Russisches Schaschlik-Schwein 49
Tomatentraum 122
Tortilla-Chips
Nachos aus dem Omnia® 88
Tortillas, Weizen-
Quesadillas mit Bratwurst 76

W

Weintrauben
Weintrauben-Dessert 168
Weißwein
Frische Fischsuppe 114
Yakudra-Schaschlik 51
Zwiebelfleisch nach Kirmes-Art 94

Z

Zitronen
Minz-Limo 154
Zitronen-Eistee 156
Zucchini
Gemüseauflauf 102
Gemüse-Spieße 60

NOCH MEHR *Tolle Bücher*

Van Life Kitchen – Die Abenteuer-Outdoor-Küche
25,00 € (D) | 25,70 € (A)
ISBN 978-3-96093-686-2

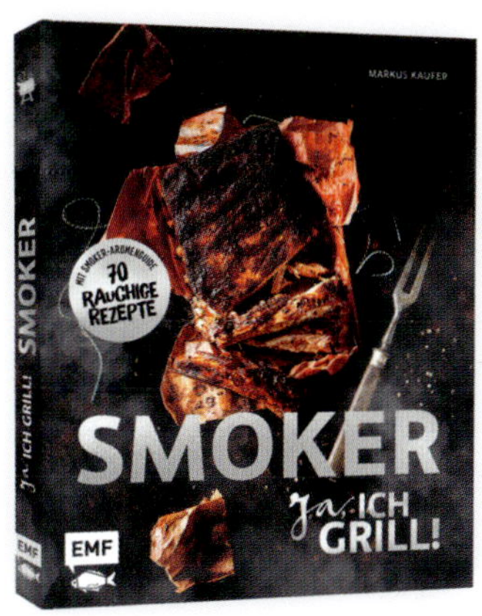

Smoker – Ja, ich grill! Die besten Grillrezepte von 0815BBQ
22,00 € (D) | 22,70 € (A)
ISBN 978-3-7459-0249-5

Die Beefer®-Bibel – Alles zum Grillen mit 800 Grad Oberhitze
36,00 € (D) | 37,00 € (A)
ISBN 978-3-7459-0248-8

ÜBER DIE *Autoren*

Die geteilte Leidenschaft für gutes Essen brachte Heiko und Kristina an Herd und Grill. Heiko arbeitet als Verkaufsleiter in einem Autohaus und Kristina ist gelernte Friseurin, aber das Thema Food wurde für sie stetig mehr als nur ein privates Hobby: Der Blog Mr.Nicefood wurde geboren! Für diesen haben sie sich alles selbst beigebracht – durch Kochshows und befreundete Blogger haben sie ihr Wissen stetig erweitert. In ihrem ersten Buch vereint das Paar nun zwei seiner Passionen: Grillen und Camping.

DANKE!

Was wäre ein Buch, wenn man keine Hilfe hätte – wenn man keine Inspiration hätte? Danke sagen möchten wir vor allem unseren Partnern, die dieses Buch mit ermöglicht haben.

An erster Stelle danken wir dem EMF Verlag, ihr seid wirklich großartig, Liebe geht raus an euch. Katharina, unser Engel vom Verlag, ohne dich, ohne deinen Zuspruch, ohne deine Motivation, wären wir bei Seite 1 hängen geblieben.

Wir danken Ankerkraut, dass ihr mit uns in Windeseile die „Camperwürze" aus dem Boden gestampft habt. Unser zweites, großartiges Gewürz mit euch, danke.

Ein unfassbar großes Dankeschön senden wir an Fendt Caravan. Ihr habt bei uns die Liebe zum Camping entfacht. Ihr habt uns gezeigt, dass es vollkommen egal ist, wie alt, jung, arm oder reich man ist, wir alle fühlen und leben das Gleiche: Wir sind Camping. Danke, lieber Thomas Kamm.

Vielen Dank auch an den Campingpark Hüttensee, dass ihr uns immer so toll aufnehmt und uns den besten Platz zum Shooting freigemacht habt. Dass ihr so seid, wie ihr seid. Danke, Verena.

Sebastian, unser Fotograf: Ein Brett, ein alter Löffel, ein Handtuch, welches auf unserer Schulter lag: Bestes Bild der Welt, du bist unser Mozart an der Kamera.

Nelio, unser Junge: Du liebst jedes Rezept, liebst jedes Bild, aber noch magst du es nicht essen. Eines Tages wirst du ein Gourmet, wir glauben an dich. (Er ist ein sehr schlechter Esser, Grüße gehen an alle Eltern raus.)

Kristina, mein Schatz: Du glaubst immer an mich. Du bist mein Leben, du wirst es immer sein. Du hast mich zu dem gemacht, der ich bin, der ich immer sein wollte. Meine Liebe zu dir wächst an jedem Tag, ein Leben lang an deiner Seite.

ÜBER DEN *Fotografen*

Sebastian Schollmeyer ist Kommunikationsdesigner und Food Lover. Seit vielen Jahren ist er als Kameramann und Fotograf schwerpunktmäßig im Bereich Food unterwegs. Neben vielen freien Arbeiten für Köche und Restaurants – zu finden in seinem Fotoblog lightmyfood.com – ist seine Herkunft eigentlich die Werbefotografie. Umso mehr Freude hat es ihm bereitet, ein Buch zu fotografieren, dass seiner eigentlichen Passion entspricht: Draußen an der frischen Luft zu kochen und zu grillen.

IMPRESSUM

Bibliografische Information der Deutschen Bibliothek.

Die Deutsche Bibliothek verzeichnet diese Publikation in der Deutschen Nationalbibliografie.

Detaillierte bibliografische Daten sind im Internet über http://www.dnb.de/ abrufbar.

Alle in diesem Buch veröffentlichten Abbildungen sind urheberrechtlich geschützt und dürfen nur mit ausdrücklicher schriftlicher Genehmigung des Verlags gewerblich genutzt werden. Eine Vervielfältigung oder Verbreitung der Inhalte des Buchs ist untersagt und wird zivil- und strafrechtlich verfolgt. Das gilt insbesondere für Vervielfältigungen, Übersetzungen, Mikroverfilmungen und die Einspeicherung und Verarbeitung in elektronischen Systemen.

Die im Buch veröffentlichten Aussagen und Ratschläge wurden von Verfasser und Verlag sorgfältig erarbeitet und geprüft. Eine Garantie für das Gelingen kann jedoch nicht übernommen werden, ebenso ist die Haftung des Verfassers bzw. des Verlags und seiner Beauftragten für Personen-, Sach- und Vermögensschäden ausgeschlossen.

Bei der Verwendung im Unterricht ist auf dieses Buch hinzuweisen.

EIN BUCH DER EDITION MICHAEL FISCHER

1. Auflage 2022

© 2022 Edition Michael Fischer GmbH, Donnersbergstr. 7, 86859 Igling

Covergestaltung, Layout und Satz: Lena Albert

Lektorat: Paulina Schick, Katharina Steffelmaier

Projektmanagement: Katharina Steffelmaier

Fotografie & Foodstyling: Sebastian Schollmeyer, Braunschweig

Illustrationen: Hintergründe: © Arayabandit/Shutterstock, © Ensuper/Shutterstock, © Penpitcha Pensiri/Shutterstock; Illustrationen: S. 4, 10, 26, 32, 44, 52, 58, 66, 102, 122, 128, 166, 176: © impress/Shutterstock; S. 10: © GulArt/Shutterstock; S. 11, 104, 116, 120, 124, 140, 168: © Digital Draw Studio/Shutterstock; S. 12: © Devita ayu silvianingtyas/Shutterstock; S. 13, 162: © GoodStudio/Shutterstock; S. 28: © Perfect Vectors/Shutterstock; S. 48: © Darriiyya/Shutterstock; S. 74: © KateChe/Shutterstock; S. 80, 98, 112, 132: © Nadezda Barkova/Shutterstock; S. 84, 138: © ulka-20/Shutterstock; S. 108: © Moloko88/Shutterstock; S. 146: © Nadezda Barkova/Shutterstock; S. 154, 156, 158: © ms Julia Nova/Shutterstock

ISBN 978-3-7459-0915-9

Gedruckt bei PNB Print SIA „Jansili", Silakrogs, Ropazu novads, LV-2133, Lettland

www.emf-verlag.de